AF318559

...HÈQUE INTERNATIONALE DE DROIT PUBLIC
publiée sous la direction de
...a JÈZE, professeur adjoint à l'Université de Paris

L'ÉTAT

SES ORIGINES

SON ÉVOLUTION ET SON AVENIR

PAR

FRANZ OPPENHEIMER

Privatdocent à l'Université de Berlin

TRADUIT DE L'ALLEMAND
Par M. W. HORN

PARIS

M. GIARD & E. BRIÈRE

LIBRAIRES-ÉDITEURS

16, rue Soufflot et rue Toullier, 12

1913

L'ÉTAT

SES ORIGINES

SON ÉVOLUTION ET SON AVENIR

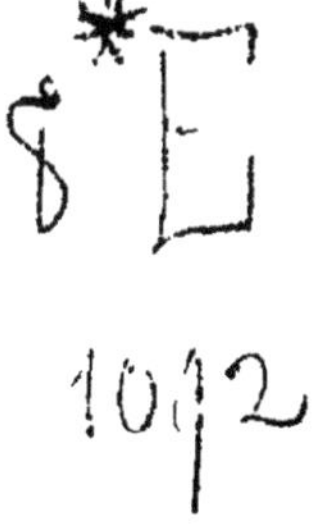

BIBLIOTHÈQUE INTERNATIONALE DE DROIT PUBLIC
publiée sous la direction de
Gaston JÈZE, professeur adjoint à l'Université de Paris

L'ÉTAT

SES ORIGINES
SON ÉVOLUTION ET SON AVENIR

PAR

FRANZ OPPENHEIMER
Privatdocent à l'Université de Berlin

TRADUIT DE L'ALLEMAND
Par M. W. HORN

PARIS
M. GIARD & E. BRIÈRE
LIBRAIRES-ÉDITEURS
16, rue Soufflot et rue Toullier, 12

1913

L'ÉTAT

SES ORIGINES, SON ÉVOLUTION ET SON AVENIR

INTRODUCTION

a) Définitions de l'Etat

L'étude que contiennent ces pages est un essai exclusivement sociologique sur la nature de l'Etat considéré du double point de vue de l'histoire philosophique et de la théorie économique : le côté juridique reste en dehors de notre sujet. Nous suivrons l'État, en tant que phénomène socio-psychologique, au cours de son évolution depuis ses origines jusqu'à ses formes constitutionnelles contemporaines et nous essayerons d'établir sur ces bases une prognose raisonnée de son développement ultérieur. Nous nous attacherons à l'essence même de notre sujet, nous inquiétant peu des formes légales extérieures dans lesquelles se poursuit la vie internationale et intra-nationale. Notre but, en un mot, est d'apporter une contribution à la philosophie de l'Etat et nous ne toucherons au droit politique qu'en tant que ce droit, dans sa forme universelle et commune à toutes les sociétés, peut être considéré comme problème.

Toutes les maximes de droit politique se trouvent donc écartées d'avance de notre examen. De même un simple coup d'œil jeté sur les diverses définitions de l'Etat suffit à nous convaincre qu'il serait vain d'en attendre une élucidation quelconque quant à la nature de l'Etat, ses origines et ses fins. Nous y trouvons en effet représentées toutes les nuances jusqu'aux extrêmes les plus violents.

Lorsque Rousseau fait naître l'Etat d'un Contrat social et que Carey le fait résulter d'une association de brigands ; lorsque Platon et les Marxistes lui octroient l'omnipotence, reconnaissant en lui l'autocrate absolu ordonnant toutes les relations politiques, économiques et même sexuelles (Platon) des citoyens, pendant que le libéralisme le confine à l'impuissance d'Etat-Gardien de la paix et que l'anarchisme réclame sa suppression définitive, c'est en vain que l'on essaiera, entre tous ces dogmes contradictoires, d'arriver à une conception satisfaisante de cet Etat tant discuté.

Ces irréconciliables divergences dans les différentes définitions de l'Etat proviennent de ce qu'aucune d'elles n'a été conçue du point de vue sociologique.

L'État, objet historiquement universel, ne peut être compris dans son essence que par une étude réfléchie embrassant dans ses grandes lignes toute l'histoire universelle. Seule la théorie sociologique s'est jusqu'ici engagée sur ce chemin, le grand chemin de la science : toutes les autres se sont formées comme *théories de classe*. Tout État — ceci doit être établi tout d'abord — tout État a été et est un État de classes et toute théorie politique a été et est une théorie de classe. Et une théorie de classe n'est pas le produit de la raison qui scrute mais celui de la volonté qui convoite et commande ; elle n'emploie pas ses arguments afin de parvenir à la vérité, elle s'en sert comme d'autant d'armes dans la lutte des intérêts matériels. Ce n'est pas une science mais une *mimicry*, un simulacre de science. La compréhension de l'État nous permet bien de nous rendre compte de la nature des théories politiques mais la connaissance de ces théories ne peut en aucun cas nous éclairer sur la nature de l'État.

Déterminons d'abord par un aperçu rapide des théories politiques de classe tout ce que l'État n'est pas.

L'État n'a pas été conçu par le « besoin d'association » comme le croit Platon et ce n'est pas un « produit de la nature » comme le veut Aristote. Il n'a pas *in specie*, comme l'expose Ancillon, « la même origine que les langues » ; il est absolument faux que, comme l'expose ce dernier, « de même que les différents langages se sont formés et développés spontanément par suite du besoin et du pouvoir que possède l'homme de communiquer ses pensées et ses sentiments, de même les Etats se sont développés de l'instinct et du besoin de sociabilité ». L'Etat n'est pas « un droit gouvernement de plusieurs ménages et de ce qui leur est commun avec puissance souveraine » (Bodiu) ; et il ne s'est pas davantage constitué pour mettre une fin au *bellum omnium contra omnes* ainsi que l'a avancé Hobbes et beaucoup d'autres après lui. L'Etat n'est pas le résultat d'un Contrat Social comme longtemps avant Rousseau ont voulu le prouver Grotius, Spinoza et Locke. L'Etat est peut-être le « moyen ayant pour but suprême le développement éternellement progressif du purement humain en une nation » comme l'a exposé Fichte mais sûrement il n'est pas ce but, il n'a pas été conçu et il n'est pas maintenu dans ce but. L'Etat n'est ni l'Absolu selon Schelling ni l'esprit en tant qu'il se réalise avec conscience dans le monde..., la puissance de la raison se réalisant comme volonté, comme le définit Hegel d'une manière aussi claire qu'élégante. Il nous est impossible d'accepter la définition de Stahl qui voit dans l'Etat « l'empire moral de la communauté humaine » et dans son essence « une institution divine ». Cicéron demandant *quid est enim civitas nisi juris societas ?* ne nous satisfait pas davantage et moins encore Savigny qui voit « dans la formation de l'Etat une forme de la création du droit, le degré superlatif de la création du droit » et qui définit l'Etat même : « la représentation matérielle du peuple ».

Bluntschli en proclamant l'Etat « personnification du peuple » ouvre le long défilé de ces théoriciens qui baptisent ou l'Etat, ou la Société, ou encore un mélange quelconque de ces deux ingrédients du nom de « supra-organisme ». Cette opinion est aussi intenable que celle de sir Henry Maine faisant s'élever l'Etat de la famille par les degrés : « gens, maison et tribu ». L'Etat n'est pas une « unité associative » comme le croit le juriste Jellinek. Le vieux Boehmer se rapproche de la vérité lorsqu'il écrit que *denique regnorum praecipuorum ortus et incrementa perlustrans vim et latrocinia potentiæ initia fuisse apparebit ;* mais néanmoins Carey est dans l'erreur lorsqu'il fait provenir l'Etat d'une bande de brigands qui se seraient érigés en maîtres sur leurs compagnons. Beaucoup de ces définitions contiennent une parcelle plus ou moins grande de vérité mais aucune n'est entièrement satisfaisante et la plupart sont radicalement fausses.

b) **La conception sociologique de l'Etat.**

Qu'est-ce donc que l'Etat au sens sociologique?

L'Etat est, entièrement quant à son origine, et presque entièrement quant à sa nature pendant les premiers stages de son existence, une organisation sociale imposée par un groupe vainqueur à un groupe vaincu, organisation dont l'unique but est de réglementer la domination du premier sur le second en défendant son autorité contre les révoltes intérieures et les attaques extérieures. Et cette domination n'a jamais eu d'autre but que l'exploitation économique du vaincu par le vainqueur.

Aucun Etat primitif dans toute l'histoire universelle n'a eu une origine autre (1). Là où une tradition digne de foi informe différemment il s'est toujours agi de la fusion de deux Etats primitifs déjà entièrement développés s'unissant en un ensemble d'organisation plus complexe ; ou encore nous nous trouvons en présence d'une variante humaine de la fable des moutons prenant l'ours pour roi afin qu'il les défende contre les loups. Mais même dans ce cas la forme et la substance de l'Etat sont exactement les mêmes que dans « l'Etat-Loup » pur et simple.

La très mince provision d'histoire apprise dans

notre enfance suffit pour nous permettre de reconnaître la vérité de cette assertion générale. Partout nous voyons une belliqueuse tribu barbare envahir le territoire d'un peuple plus pacifique, s'y établir comme aristocratie et y fonder son Etat. En Mésopotamie invasion sur invasion, Etat sur Etat : Babyloniens, Amorites, Assyriens, Arabes, Mèdes, Perses, Macédoniens, Parthes, Mongols, Seldjoucides, Tartares et Turcs ; sur la terre du Nil Hyksos, Nubiens, Perses, Grecs, Romains, Arabes et Turcs ; en Grèce les Etats Doriens de type caractéristique ; en Italie Romains, Ostrogoths, Lombards, Francs et Germains ; en Espagne Carthaginois, Romains, Visigoths, Arabes ; en Gaule Romains, Francs, Burgondes, Normands ; en Angleterre Saxons et Normands. Les flots des belliqueuses peuplades se déversent sur l'Inde jusqu'à l'Insulinde, et sur la Chine ; et il en est de même dans les colonies européennes dès que le conquérant y trouve un élément de population sédentaire déjà établi. Lorsque cet élément fait défaut, lorsque la population du pays envahi se compose de chasseurs nomades qu'il est possible de détruire mais jamais d'asservir, on en est quitte pour importer des contrées lointaines la masse humaine corvéable et exploitable : c'est la traite, l'esclavage.

Les colonies européennes dont les lois ne permettent plus de suppléer par l'importation d'es-

claves à l'absence d'une population indigène sédentaire semblent au premier abord constituer une
exception à cette règle. L'une de ces colonies, les
États-Unis d'Amérique, est devenue une des plus
importantes formations politiques de l'histoire
mondiale. La contradiction apparente est expli-
quée là par le fait que la masse humaine « tailla-
ble et corvéable à merci » s'importe d'elle-même,
émigrant en masse hors des Etats primitifs comme
hors de ces Etats, arrivés à un plus haut degré
de civilisation et possédant déjà la liberté de domicile mais dans lesquels l'extorsion a atteint un
point insoutenable. Nous avons ici, s'il nous est
permis d'employer cette figure, une contamination
à distance de la « maladie d'Etat », une contamination causée par des foyers d'infection éloignés.
Dans les colonies où l'immigration est peu importante, soit en raison du grand éloignement ren-
dant le voyage trop coûteux, soit par suite de
mesures prohibitives, les conditions sociales se
rapprochent déjà de ce but final de l'évolution de
l'Etat qu'il est possible dès maintenant de reconnaître comme inévitable, mais pour lequel il nous
manque encore le terme scientifique. Une fois de
plus dans la dialectique de l'évolution une transformation quantitative est devenue transformation
qualitative : l'ancienne forme s'est remplie d'un
nouveau contenu. Nous y avons encore un « Etat »,
c'est-à-dire une stricte organisation de la vie so-

ciale collective assurée par un pouvoir coercitif mais ce n'est plus « l'Etat » au vieux sens du mot, ce n'est plus l'instrument de la domination politique, de l'exploitation économique d'un groupe social par un autre groupe, ce n'est plus l'Etat de classes mais un Etat qui semble être véritablement le résultat d'un Contrat social. Les colonies australiennes se rapprochent beaucoup de ces conditions, si nous en exceptons la province féodale de Queensland avec son exploitation de Canaques à demi esclaves, et l'idéal est presque entièrement atteint en Nouvelle-Zélande.

Tant que l'on n'aura pas atteint un *communis consensus* quant à l'origine et la nature de l'Etat historique, ou, ce qui revient au même, de l'Etat au sens sociologique, c'est en vain que l'on tentera d'imposer un nouveau terme pour désigner ces formes supérieures de l'organisation sociale. En dépit de toutes les protestations le nom d'Etat leur reste et leur restera sans doute toujours Afin d'avoir une emprise sur la nouvelle conception nous désignerons ici cette forme par le terme « Fédération libre ».

L'examen rapide des Etats historiques passés et présents devrait être complété ici, si la place nous le permettait, par une étude des faits que nous procure l'ethnologie sur les Etats non compris dans l'horizon de notre histoire si faussement qualifiée d'universelle. Qu'il nous suffise d'affirmer ici que nulle part notre règle ne souffre d'exception. Dans l'archipel malais comme dans le grand laboratoire sociologique africain, dans tous les pays du globe où l'évolution des races a dépassé la période de sauvagerie primitive, l'Etat est né de la subjugation d'un groupe humain par un autre groupe et sa raison d'être est, et a toujours été, l'exploitation économique des asservis.

Cette récapitulation sommaire n'a pas seulement pour but de démontrer la justesse de l'axiome fondamental que nous a donné, le premier, Ludwig Gumplowicz, le sociologue bien connu; elle nous fait apercevoir aussi comme dans un éclair, le chemin qu'a parcouru l'Etat, la longue « voie douloureuse » de l'humanité, le chemin sur lequel nous le suivrons maintenant : partant de l'Etat conquérant primitif il se dirige à travers mille transformations vers le but suprême, la Fédération libre.

PREMIÈRE PARTIE

L'origine de l'Etat

Une force unique gouverne tout ce qui existe. Une force unique a développé la vie, de la cellule primitive, de l'amibe flottant sur le chaud océan des périodes primordiales jusqu'au vertébré, jusqu'à l'homme. Cette force, c'est l'instinct de conservation avec ses deux subdivisions : la « faim » et « l'amour ». A ce point la « philosophie », le besoin causal du bipède pensant, intervient dans ce jeu des forces pour soutenir, avec la faim et l'amour, l'édifice du monde humain. La philosophie, la « Représentation » de Schopenhauer n'est d'ailleurs qu'une création de l'instinct de conservation, qu'il nomme « Volonté » : c'est un organe de direction dans l'existence, une arme dans la « lutte pour la vie ». Nous aurons pourtant à reconnaître dans le besoin causal une force sociale indépendante, un facteur non négligeable dans la marche de l'évolution sociologique. Ce besoin se manifeste tout d'abord, et se manifeste même avec une violence inouïe aux âges primitifs de la société dans les manifestations parfois si étranges de la superstition. Tirant d'imparfaites observations des conséquences entièrement logiques, la créature humaine peuple les eaux et l'atmosphère, la terre, le feu, les animaux et les plantes mêmes, bref l'univers entier de bons et de mauvais esprits. Ce n'est que beaucoup plus tard, dans ce lumineux temps moderne auquel peu de peuples parviennent, qu'apparaît la plus jeune fille du besoin causal, la science, le produit logique de l'observation raisonnée des phénomènes naturels, la science à laquelle incombe dès lors une lourde tâche : détruire la superstition aux racines profondes, liée à l'âme humaine par d'innombrables fils.

Mais bien qu'il soit indéniable que la superstition, surtout dans les périodes « extatiques » (2), ait pu agir puissamment sur le cours des événements, bien qu'elle puisse encore en temps ordinaire être un facteur important dans l'organisation de la vie sociale, la force principale de l'évolution n'en est pas moins toujours l'instinct économique, la nécessité de l'existence, cette nécessité qui contraint l'homme à conquérir pour lui et les siens la nourriture, le logement et le vêtement. Un examen sociologique — et nous entendons par là socio-psychologique — de l'évolution historique ne peut donc procéder que d'une seule manière :

il doit suivre dans leur développement progressif les méthodes de la satisfaction économique des besoins, en inscrivant à la place qui leur revient les influences de l'instinct causal.

a) Moyen politique et moyen économique

Il existe deux moyens, diamétralement opposés en principe, par lesquels l'homme, gouverné partout par le même instinct de conservation, peut arriver à satisfaire ses besoins : le travail et le rapt, le travail personnel et l'appropriation par la violence du travail d'autrui. Rapt ! appropriation par la violence ! Pour nous, enfants d'une civilisation qui repose justement sur l'inviolabilité de la propriété, ces deux expressions en évoquent immédiatement d'autres : « crime », « châtiment ». Et cette association d'idées demeure, même lorsque nous réalisons le fait que dans les conditions primitives de l'existence le brigandage sur terre et sur mer représente, avec le métier guerrier — qui ne fut longtemps que le rapt en grand organisé — la profession la plus en honneur. Aussi, afin d'avoir à l'avenir une terminologie claire, concise et nettement déterminée pour désigner ces extrêmes si importants, j'ai proposé de nommer *moyen économique* le travail personnel et l'échange équitable du propre travail contre celui d'autrui et *moyen politique* l'appropriation sans compensation du travail d'autrui.

Ceci n'est en aucune façon une idée nouvelle ; de tous temps les historiens et les philosophes ont reconnu cette opposition et ont tenté de la faire ressortir, mais aucune de leurs formules n'a pénétré au cœur de la question. Dans aucune d'elles, il ne ressort clairement que l'opposition existe seulement dans les différents *moyens* visant un *même but* : l'acquisition de biens de jouissance. Et là est justement le nœud de la question.

On peut observer chez un penseur du rang de Karl Marx même à quelle confusion l'on arrive dès que l'on ne sépare pas strictement le but économique du moyen économique. Toutes les erreurs qui détournèrent finalement si loin de la vérité la grandiose théorie marxiste ont leur source dans ce défaut de discernement entre le but et le moyen de la satisfaction économique des besoins, confusion qui conduisit l'auteur à définir l'esclavage : catégorie économique, et la violence : puissance économique ; demi-vérités qui sont plus dangereuses que des erreurs complètes car elles sont plus difficiles à percevoir et rendent les fausses conclusions presque inévitables.

Notre distinction précise entre les deux moyens conduisant au même but nous permettra d'éviter toute confusion de ce genre. Elle nous facilitera la parfaite intelligence de l'Etat, de son origine,

sa nature et ses fins, et par là l'intelligence de
l'histoire universelle puisque l'histoire n'existe de
nos jours que comme histoire de l'Etat. Tant que
nous ne nous serons pas élevés à la libre fédération, toute histoire universelle jusqu'à notre époque contemporaine, jusqu'à notre orgueilleuse civilisation moderne n'a et ne peut avoir qu'un seul
objet : la lutte entre le moyen économique et le
moyen politique.

b) **Peuples sans Etat** (*chasseurs et laboureurs*).

L'Etat est l'organisation du « moyen politique ».
Un Etat ne peut donc prendre naissance que lorsque le moyen économique a amassé une certaine
quantité d'objets destinés à la satisfaction des besoins, dont puisse s'emparer le rapt à main armée.
Aussi les chasseurs primitifs n'ont-ils pas d'Etat,
et les chasseurs ayant atteint un degré de civilisation plus avancé ne parviennent à fonder un
Etat que lorsqu'ils trouvent à proximité et peuvent asservir des organisations économiques plus
développées. Quant aux chasseurs primitifs ils
vivent dans une complète anarchie.

Grosse (3) donne de ces chasseurs la description
suivante :

« En l'absence d'importantes inégalités dans les
fortunes la principale cause d'inégalité sociale fait

défaut. En principe tous les hommes adultes de
la tribu sont égaux. Les plus âgés, en raison de
leur expérience, jouissent d'une certaine autorité
mais nul n'est tenu envers eux à l'obéissance. Là
où des chefs isolés sont reconnus — par exemple
chez les Botokudes, les Californiens du centre,
les Weddas et les Mincopies — leur pouvoir est
des plus restreints. Le chef n'a aucun moyen d'imposer sa volonté. D'ailleurs la majorité des tribus
de chasseurs ne reconnaît aucun chef. Toute la
société masculine forme encore une masse homogène non différenciée de laquelle seuls ressortent
les individus que l'on croit en possession de pouvoirs magiques. »

Ce que nous trouvons ici est donc à peine une
ébauche d'Etat dans le sens que les théories politiques donnent au mot et est bien loin encore
de l'Etat au sens sociologique proprement dit.

Les organisations sociales des laboureurs primitifs n'offrent guère plus d'analogie avec l'Etat
tel que nous le connaissons. Il n'y a pas d'Etat là
où le paysan vit en liberté travaillant le sol de sa
pioche. La charrue est déjà le signe caractéristique d'une forme d'exploitation plus élevée se trouvant seulement dans l'Etat : la forme de la grande
exploitation employant le travail mercenaire (4).
Disséminés dans des fermes, des villages isolés,
divisés par les éternelles querelles intestines ame-
nées par le bornage des propriétés et des districts,

les paysans forment une sorte de vague confédération que maintient à peine le faible lien d'une origine commune, d'un langage et d'une croyance semblables. Très rarement, une fois l'an tout au plus, la fête de quelque ancêtre fameux, de la divinité de la tribu les rassemble. Aucune autorité gouvernant la masse : les différents chefs des villages ou tout au plus des territoires ont sur leur étroit domaine une influence plus ou moins grande selon leurs qualités individuelles et surtout selon le pouvoir magique qu'on leur attribue. Tels Cunow (5) nous dépeint les laboureurs péruviens avant l'invasion des Incas, tels furent et tels sont partout les paysans primitifs de l'Ancien et du Nouveau-Monde : « Un amas de tribus autonomes sans cohésion ni organisation d'ensemble et se combattant mutuellement, chacune de ces tribus divisée en unions familiales plus ou moins indépendantes. »

Dans de telles conditions sociales il est assez difficile d'arriver à réaliser une organisation guerrière dans un but de conquête. Il est déjà bien difficile de mobiliser le district ou la tribu pour la défense commune du territoire. Le paysan est fixé au sol presque aussi fortement que les plantes qu'il cultive. Par son travail il est véritablement attaché au sillon, même lorsqu'il est légalement libre de ses mouvements. Et d'ailleurs quel pourrait être le but d'une invasion conquérante,

d'une razzia, dans une contrée peuplée exclusivement de laboureurs? Le paysan ne peut prendre
au paysan rien qu'il ne possède déjà lui-même.
Dans une société dont le caractère distinctif est
la surabondance de terres cultivables, chaque
membre ne cultive qu'autant qu'il peut consommer
lui-même. Tout excédent serait inutilisable et son
acquisition peine superflue même s'il était possible de conserver longtemps les récoltes, ce qui
n'est pas le cas dans ces conditions primitives.
D'après Ratzel le laboureur de l'Afrique centrale
doit transformer rapidement en bière l'excédent
de sa récolte s'il ne veut pas la perdre entièrement.

Pour toutes ces raisons l'esprit belliqueux qui
caractérise le chasseur et le pasteur fait totalement
défaut au laboureur: la guerre ne peut lui procurer aucun profit. Et cette disposition pacifique se
trouve encore accrue du fait que ses occupations
sont loin de le rendre apte aux exploits militaires.
Il est robuste et persévérant mais indécis et lent
de mouvements; au contraire les conditions mêmes
de l'existence du chasseur et du pasteur développent en eux l'agilité et la promptitude d'action.
Aussi le paysan primitif est-il généralement d'humeur plus douce que ces derniers *. Dans les con-

---

* Ce contraste psychologique qui a été souvent expressément
affirmé n'est pourtant pas sans souffrir d'exception. Grosse
écrit (*Formes de la famille*, p. 137): « Quelques histoires de la
civilisation présentent les laboureurs comme des peuplades pa-

ditions économiques et sociales qui règnent dans les régions exclusivement agricoles il n'existe aucune différentiation tendant à imposer des formes plus élevées d'intégration, il n'existe ni nécessité, ni possibilité de subjugation guerrière d'autres peuples. Aucun Etat ne peut donc s'y constituer, aucun ne s'y est jamais créé. S'il n'y avait pas eu d'impulsion du dehors, venant de groupes menant une existence différente, il est certain que le paysan primitif n'eût jamais de lui-même inventé l'Etat.

c) **Peuples antérieurs à l'Etat**

(Pasteurs et Vikings)

Nous trouvons par contre chez les peuples pasteurs, même lorsqu'ils vivent en tribus isolées, toute une série d'éléments favorables à la forma-

cifiques par opposition aux nomades belliqueux. Il est certain que l'on ne peut soutenir de leur genre d'occupation ce que l'on prétend de l'élevage, que sa nature prépare et dispose à la guerre. Pourtant c'est justement dans le cadre de ces occupations paisibles que nous trouvons plusieurs des peuplades les plus belliqueuses et les plus cruelles qui aient jamais existé. Les sauvages cannibales de l'Archipel Bismarck, les féroces Fidjiens, les bouchers humains du Dahomey et des Aschantis se livrent tous à la paisible culture des fruits de la terre. En admettant que tous les agriculteurs ne soient pas aussi redoutables, la douceur proverbiale de la plupart ne nous en semble pas moins plutôt problématique. »

tion de l'Etat : les plus civilisés parmi eux ont
effectivement fondé des Etats presque parfaits
auxquels il n'a manqué que l'ultime marque distinctive de notre conception moderne, la sédentarité sur un territoire strictement délimité.

L'un de ces éléments est purement économique. Laissant de côté les cas de violence « extra-
économique » (Marx) il peut se développer dans
la vie pastorale une assez grande différentiation
des fortunes et des revenus. Même si nous prenons
comme base primitive une parfaite égalité dans
le partage des troupeaux, en très peu de temps
les uns seront devenus plus riches, les autres plus
pauvres. Un éleveur particulièrement habile verra
ses troupeaux s'accroître rapidement ; un gardien
attentif, un chasseur hardi les préservera mieux
de la décimation par les fauves. La chance s'en
mêle aussi : l'un trouve de gras pâturages, des
sources d'eau vive, pendant que l'autre voit toutes
ses possessions détruites par la maladie ou les
intempéries.

L'inégalité des fortunes a partout comme conséquence inévitable l'inégalité des classes : le
pasteur ruiné doit se mettre au service de celui
qui est resté riche et tombe par là dans une position inférieure, dépendante. Le cas a été constaté dans toutes les contrées de l'Ancien Monde
où vivent les pasteurs. Meitzen (6) donne les détails suivants sur les nomades Lapons de Nor-

vège : « Trois cents têtes de bétail sont la possession moyenne normale d'une famille : quiconque n'en possède que cent doit entrer au service des riches dont les troupeaux comptent parfois jusqu'à mille têtes. » Et le même écrivain parlant des nomades de l'Asie centrale dit : « Trois cents têtes de bétail sont la quantité nécessaire au bien-être d'une famille, cent têtes c'est la misère amenant infailliblement le servage. Le serf doit alors cultiver la terre du maître (7). » Ratzel (8) nous décrit une sorte de *commendatio* fréquente chez les Hottentots : « Les indigents cherchent à entrer au service des plus riches ; leur but unique est d'arriver à posséder du bétail. » Selon Laveleye les mêmes faits se sont produits en Irlande à l'époque primitive ; il fait même provenir l'origine et le nom même du système féodal des prêts de bestiaux faits par les riches aux membres plus pauvres de la tribu. D'après lui un fee-od (Vieheigen, propriété de bestiaux) fut à l'origine le premier fief par lequel le plus fort s'attacha le plus faible comme « féal » jusqu'à ce que ce dernier eût acquitté sa dette.

La place nous manque ici pour faire plus qu'indiquer combien cette différentiation d'abord économique puis sociale a dû être favorisée, même dans les sociétés pastorales pacifiques, par la cumulation des charges de grand'prêtre et de sacrificateur dans le patriarcat. Le chef pouvait alors

facilement augmenter le nombre de ses troupeaux :
il n'avait pour cela qu'à exploiter habilement la
superstition des membres de la tribu.

Toutefois, tant que n'intervient pas le moyen
politique, cette inégalité se maintient dans des
limites très modestes. L'adresse et l'habileté ne
sont pas forcément héréditaires, les troupeaux les
plus considérables se dispersent lorsque de nombreux héritiers grandirent sous la même tente,
et la fortune est inconstante. De nos jours même
le plus riche des Lapons Suédois est tombé en
peu de temps dans un tel état de pauvreté que le
gouvernement doit pourvoir à sa subsistance.
Toutes ces causes tendent constamment à rétablir
de façon approximative l'égalité économique et
sociale de la condition première. « Plus les nomades sont paisibles, primitifs, « authentiques », et
moins nous trouvons chez eux de sensibles inégalités dans les possessions. Il est touchant de voir
la joie avec laquelle un vieux prince des Mongo-
les-Zaizans recoit son cadeau tributaire : une poignée de tabac, un morceau de sucre et vingt-
cinq kopeks (9). »

Il est réservé au moyen politique de détruire
cette égalité de façon plus entière et plus durable.
« Là où l'on fait la guerre, là où l'on remporte
du butin, il existe des inégalités plus sensibles
représentées par la possession d'esclaves, de femmes, d'armes et de coursiers de race (10). » La

possession d'esclaves ! Le nomade a découvert l'esclavage et a créé par là cet embryon de l'Etat : la première exploitation de l'homme par l'homme !

Le chasseur aussi se bat et fait des prisonniers, mais il ne les réduit pas en esclavage ; il les tue ou les adopte comme membres de sa tribu. Que ferait-il d'esclaves ? Les produits de chasse se lâissent plus difficilement encore que le grain emmagasiner et « capitaliser ». La pensée de transformer un être humain en machine à travail ne pouvait naître que dans une période de l'économie où existe un fonds de biens, un « capital » exigeant l'aide de travail dépendant pour pouvoir s'accroître. Ce degré est atteint chez les pasteurs. Les membres d'une famille sans aide étrangère suffisent à peine à garder un troupeau peu nombreux et à le protéger contre les ennemis du dehors, hommes ou animaux. Avant l'intervention du moyen politique les aides auxiliaires ne se trouvent qu'en très petit nombre : quelques membres appauvris de la tribu, quelques fugitifs appartenant à des tribus étrangères et que nous trouvons partout comme protégés dépendants dans le train des grands possesseurs de troupeaux (11). Ici et là une peuplade appauvrie entre à demi volontairement au service d'une plus riche. « Les positions réciproques des peuples sont déterminées par l'état de leurs possessions respectives. Ainsi les Toungouses qui sont très pauvres s'efforcent de rester dans le voisinage des établissements des Tschouktchis qui possèdent de grands troupeaux de rennes. Les riches Tschouktchis emploient les Toungouses comme bergers et leur donnent des rennes comme rétribution de leurs services. » De même l'asservissement des Samoyèdes de l'Oural par les Sirjaines n'a été que la conséquence finale de l'usurpation graduelle de leurs pâturages (12).

A l'exception de ce dernier cas, qui se rapproche déjà de la formule de l'Etat, les quelques membres « sans capital » subsistant dans une tribu ne suffiraient pas à garder des troupeaux très nombreux. Et pourtant la nature même de l'exploitation impose la division des troupeaux. Un même pâturage ne peut nourrir qu'un nombre limité de bestiaux et les chances de garder intact le nombre de bêtes élevées s'accroissent avec la possibilité de les répartir sur plusieurs pâturages. Alors les maladies, les intempéries, etc., ne peuvent en détruire qu'une partie et l'ennemi du dehors ne peut pas non plus tout dérober à la fois. Chez les Herreros par exemple « tout propriétaire un peu aisé est forcé d'avoir, à côté de son habitation principale, plusieurs pâturages où les frères cadets, ou d'autres parents, ou à leur défaut des serviteurs âgés et fidèles, sont chargés de la surveillance des troupeaux » (13).

Aussi le nomade épargne-t-il son prisonnier

de guerre : il peut l'utiliser comme esclave à la garde du bétail. Nous pouvons encore observer la transition entre l'usage de la mise à mort et celui de la mise en esclavage dans une cérémonie du culte des Scythes : sur cent prisonniers de guerre un seul est sacrifié lors des grands festins de la tribu. Lippert qui mentionne ce fait y voit (14) « une restriction naissante dont la raison est évidemment la valeur qu'acquiert le prisonnier comme serviteur possible ».

Avec l'incorporation des esclaves dans la tribu pastorale nous avons l'Etat dans ses éléments essentiels : il n'y manque que l'occupation permanente d'un territoire délimité Cet Etat a pour *forme* la domination et pour *substance* l'exploitation économique d'instruments humains de travail. Et dès lors la différentiation économique et la formation de classes sociales vont pouvoir progresser à grands pas. Les troupeaux des chefs, habilement divisés, gardés soigneusement par de nombreux bergers armés, maintiennent leur effectif plus aisément que ceux des autres membres de la tribu. Ils s'accroissent en nombre plus rapidement aussi, grâce à la plus grande part de butin que reçoit le riche, proportionnellement à la quantité de guerriers asservis qu'il peut mettre sur pied. La grande prêtrise joue aussi son rôle et il se creuse ainsi entre les membres jadis égaux de la tribu un abîme de plus en plus profond, jusqu'à ce qu'une véritable aristocratie, composée des riches descendants des riches patriarches, se dresse enfin en face de la plèbe.

« Les Peaux-Rouges, même ceux qui possèdent l'organisation la plus avancée, n'ont développé ni aristocratie, ni esclavage * et c'est par là principalement que leurs institutions se distinguent de celles de l'Ancien-Monde. L'esclavage, comme l'aristocratie, ne prospère que sur le sol patriarcal des peuples se livrant à l'élevage des troupeaux (15). » Nous trouvons chez tous les pasteurs parvenus à un certain degré de civilisation la division sociale en trois classes distinctes : aristocratie (princes des tribus de la Bible), hommes libres et esclaves. D'après Mommsen (16) « tous les peuples indo-germains possèdent l'esclavage comme institution légale ». Et ce qui est rapporté des Aryens, des Sémites d'Asie et d'Afrique (Masai et Vahouma) et des Mongols s'applique également aux Hamites. Chez les Fellata du Sahara « la société se divise en princes, chefs, hommes francs (hommes libres n'ayant que des possessions modestes) et esclaves » (17). Il en est de même chez les Hovas (18), chez les peuples de même race de la Polynésie, les Nomades de la mer, bref

---

* Cette assertion de Lippert n'est pas tout à fait juste. Les chasseurs et pêcheurs du Nord-Ouest de l'Amérique ayant une organisation d'existence sédentaire possèdent les deux : aristocratie et esclavage

partout où l'esclavage est organisé en institution légale. Etant donné des conditions identiques la nature humaine se développe partout de la même manière, sans distinction de couleur ni de race.

Le pasteur s'habitue ainsi graduellement au métier guerrier et à l'exploitation de l'homme en tant que moteur à travail. Son genre de vie même le pousse forcément à employer de plus en plus le « moyen politique ».

Il est physiquement plus robuste que le chasseur primitif et ne lui est inférieur en rien comme adresse et décision : les moyens de subsistance du chasseur sont trop incertains pour qu'il puisse atteindre le maximum de taille et de force dont sa race est capable. Le pasteur au contraire, qui a dans le lait de ses troupeaux une source constante de nourriture, qui peut avoir de la viande à volonté, arrive presque partout à une taille de géant, le Nomade Aryen avec ses troupeaux de chevaux tout comme les possesseurs de troupeaux bovins d'Asie et d'Afrique, par exemple les Zoulous. De plus la tribu de pasteurs est supérieure en nombre à la horde de chasseurs, d'abord parce qu'elle peut tirer d'un terrain donné une plus grande quantité de nourriture, et surtout parce que la possession de lait animal, en abrégeant la période d'allaitement, permet une succession plus rapide des naissances ainsi que l'arrivée à l'âge adulte d'un plus grand nombre d'enfants.

C'est ainsi que les steppes fertiles de l'Ancien Monde sont devenues ces inépuisables réservoirs humains aux débordements périodiques, véritables « vaginæ gentium ».

Comparés aux chasseurs les pasteurs se distinguent donc par un nombre plus considérable de guerriers valides, plus robustes individuellement et dans leur masse au moins aussi mobiles que la horde de chasseurs, beaucoup plus rapides même car beaucoup sont montés (chevaux ou chameaux). Et cet ensemble plus considérable de forces individuellement supérieures est maintenu par une organisation telle que seule peut la créer le patriarcat autoritaire, rompu au commandement d'une masse d'esclaves. Comment mettre en parité cette organisation préparée et développée par les conditions mêmes de l'existence et le faible lien d'obéissance qui unit le jeune guerrier des chasseurs à son chef ?

Le chasseur poursuit son gibier seul ou par petits groupes; c'est réuni en grandes masses dans lesquelles l'individu se trouve parfaitement protégé que le pasteur avance, formant un véritable corps d'expédition dont les haltes sont comme des campements fortifiés. Ainsi la pratique des manœuvres de tactique, l'esprit de méthode et la discipline stricte se développent tout naturellement. « On ne risque guère de se tromper, remarque Ratzel (19), en mettant au nombre des forces disciplinatrices de la vie du nomade l'ordre invariable de campement. Chaque homme, chaque objet a sa place immuable : de là la rapidité et le bon ordre avec lesquels on installe et lève le campement. Il ne vient à l'esprit de personne de changer de place sans commandement ou sans raison impérative. C'est seulement grâce à cette sévère discipline qu'il est possible, dans l'espace d'une heure, d'empaqueter et de charger la tente avec tout son contenu. »

La même discipline, établie de toute antiquité, éprouvée à la chasse et dans les expéditions pacifiques, gouverne également les marches guerrières de la tribu. Les pasteurs deviennent ainsi des combattants de profession, et même, tant que « l'Etat » n'a pas créé d'organisations plus parfaites et plus puissantes, des combattants invincibles. Pasteur et guerrier deviennent des termes synonymes. Ce que rapporte Ratzel des nomades de l'Asie centrale (20) s'applique également à tous les autres : « Le nomade est en tant que pasteur un concept économique et en tant que guerrier un concept politique. Il est toujours prêt à abandonner son occupation, quelle qu'elle soit, pour la guerre et le brigandage. Pour lui tout dans l'existence a deux faces, pacifique ou belliqueuse, honnête ou spoliatrice et il montre selon les circonstances tantôt l'une et tantôt l'autre. La pêche et la navigation exercées par le Turcoman transcas-

pien se transforment en piraterie... La marche
du peuple pasteur, paisible en apparence, décide
la marche de guerre, la houlette de berger devient une arme redoutable. A l'automne, lorsque
les chevaux reviennent plus robustes du pâturage
et que la seconde tonte des moutons est terminée,
le nomade cherche dans sa mémoire quelle expédition de vengeance ou de rapine (baranta, mot à
mot, faire, ou voler des bestiaux) il a remis jusque-
là. C'est l'expression d'un droit du plus fort qui
dans les querelles d'intérêt, les affaires d'honneur,
les vendettas, cherche sa vengeance et son otage
dans ce que l'ennemi possède de plus précieux :
ses troupeaux. Les jeunes gens qui n'ont pas
encore pris part à une baranta doivent conquérir
avec le nom de « Batir » (héros) le droit à l'honneur et à la considération de tous. Au plaisir de
l'aventure s'ajoute l'attraction du gain ; et ainsi
prend naissance la triple progression descendante :
vengeur, héros et brigand. »

Chez les Nomades de la mer, les Vikings, nous
trouvons exactement les mêmes conditions ; et
même, dans les cas les plus importants pour le
cours de l'histoire universelle, les nomades de la
mer sont simplement des nomades terriens qui
ont changé d'élément.

L'exemple des Turcomans transcaspiens (21)
cité plus haut nous montre avec quelle facilité le
pasteur échange dans ses expéditions de rapine

le cheval ou le « vaisseau du désert » contre le
« coursier des mers ». Un autre exemple est celui
des Scythes : A peine ont-ils appris l'art de navi-
guer que ces « pasteurs errants, la race fameuse des
Hippomolgues d'Homère, les plus justes des hommes qui ne vivaient que de lait » (Iliade, ch. XIII,
3) se transforment, tout comme leurs frères bal-
tes et scandinaves, en intrépides marins. Strabon
écrit (Cas., p. 301) : « Depuis qu'ils se sont aven-
turés sur les mers, leur caractère s'est entièrement
détérioré ; ils vivent de piraterie, massacrent les
étrangers et sont en relations avec de nombreuses tribus dont ils partagent le *commerce* et les
dissipations (22). »

S'il est vrai que les Phéniciens aient appartenu
à la race sémite leur transformation de nomades
terriens en nomades maritimes, en pirates, serait
également un exemple de cet ordre de faits d'une
importance considérable dans l'histoire universelle.

Il en fut probablement de même en ce qui
concerne la majorité des nombreux peuples qui,
des côtes de l'Asie Mineure, de la Dalmatie et de
l'Afrique Septentrionale, rançonnèrent les contrées prospères de la Méditerranée depuis les
temps les plus reculés dont font mention les monuments égyptiens (les Hellènes ne furent pas admis en Egypte) jusqu'à l'époque contemporaine
(pirates du Rif). Les Maures de l'Afrique Septen-

trionale, Arabes ou Berbères d'origine mais nomades terriens en tous les cas, sont sans doute l'exemple le plus universellement connu de ces transformations.

Toutefois les nomades maritimes, les pirates, peuvent aussi se développer directement de l'état de peuples pêcheurs sans traverser d'état pastoral intermédiaire. Nous avons déterminé les raisons de la supériorité du pasteur sur le laboureur : l'effectif relativement important des hordes et le genre d'occupations développant chez l'individu le courage et la décision en soumettant la masse dans son ensemble à une stricte discipline. Tout cela s'applique également aux pêcheurs des côtes. Les riches pêcheries permettent une densité de population considérable, comme on peut le constater chez les Indiens du Nord-Ouest (Tlinkites, etc.) ; elles rendent aussi l'esclavage possible, le travail de l'esclave employé à la pêche rapportant plus que ne coûte sa nourriture. Nous trouvons ici, cas unique chez les Peaux-Rouges, l'institution de l'esclavage développée ; et nous y trouvons aussi comme conséquence inévitable des inégalités économiques permanentes entre les hommes libres, inégalités qui amènent finalement, tout comme chez les pasteurs, une sorte de plutocratie. L'autorité sur les esclaves engendre, ici comme là, l'habitude de la domination et la prédilection pour l'emploi du moyen politique, et la stricte discipline développée par la navigation favorise encore ces penchants. « Un des grands avantages de la pêche en commun est la stricte discipline inculquée aux équipages ; sur les grandes barques les hommes choisissent un chef auquel est due une obéissance absolue, tout succès dépendant de cette soumission. Le gouvernement du vaisseau prépare et facilite celui de l'Etat. Dans l'existence d'une peuplade comme celle des habitants des Iles Salomon, classés habituellement parmi les plus sauvages, la navigation est le seul élément de concentration des forces (24). » Si les Indiens du Nord-Ouest ne sont pas devenus d'aussi fameux pirates que leurs frères de l'Ancien Monde, c'est qu'aucune civilisation prospère ne s'est développée à leur portée : tous les pêcheurs organisés se livrent à la piraterie.

Pour toutes ces raisons les Vikings, tout comme les pasteurs, sont à même de choisir le moyen politique comme base de leur existence économique et comme eux ils sont devenus des fondateurs d'Etat sur une grande échelle. Dans les chapitres suivants nous aurons à distinguer les « Etats maritimes » fondés par les Vikings des « Etats territoriaux » établis par les pasteurs ou, dans le Nouveau-Monde, par les chasseurs. Nous nous occuperons des premiers plus en détail lorsqu'il sera question des fins de l'Etat Féodal Développé. Pour le moment, et tant que nous ne traitons que de la formation de l'Etat Féodal Primitif, nous nous bornerons à l'examen de l'Etat Territorial, laissant de côté l'Etat maritime. Ce dernier en effet, bien que présentant dans ses grandes lignes la même nature et le même développement que l'Etat Territorial, laisse moins clairement reconnaître la marche typique de l'évolution.

d) **La genèse de l'Etat**

Les hordes de chasseurs, peu nombreuses et à peine disciplinées, auxquelles venaient parfois se heurter les pasteurs, étaient naturellement incapables de soutenir le choc. Elles se retiraient dans les steppes et les montagnes où les pasteurs ne les poursuivaient pas, ne pouvaient pas les poursuivre par suite du manque de pâturages. Parfois le chasseur entrait avec son ennemi dans une sorte de relation dépendante, de « clientèle » ; ce cas s'est présenté assez fréquemment, surtout en Afrique, dès les temps les plus reculés. Des chasseurs dépendants de ce genre pénétrèrent dans les terres du Nil avec les Hyksos. Le chasseur néanmoins paie bien un faible tribut, une partie du produit de sa chasse, en échange de la protection accordée ; il se prête assez bien aux emplois d'éclai-

reur, de sentinelle, mais anarchiste inné il se
laisse exterminer plutôt que d'accepter la con-
trainte d'un travail régulier. C'est pourquoi jamais
une formation d'État n'a résulté de ces collisions.

Pas plus que le chasseur le paysan n'est en
état de résister avec sa milice indisciplinée à l'invasion des pasteurs, même lorsqu'il a l'avantage
du nombre. Mais le paysan ne fuit pas car il est
fixé au sol qu'il cultive et il a l'habitude d'un travail régulier. Il demeure, se laisse asservir, et
paie tribut à son vainqueur. *Telle est l'origine de
la formation de l'État dans l'Ancien-Monde.*

Dans le Nouveau-Monde où les grands rumi-
nants, bœufs, chevaux, chameaux, manquent à
l'origine, nous trouvons le rôle du pasteur tenu
par le chasseur, toujours très supérieur au laboureur par l'habitude des armes et une certaine discipline guerrière. « L'opposition civilisatrice que
nous trouvons dans l'Ancien-Monde entre les peuples pasteurs et les peuples laboureurs se réduit
dans le Nouveau à une simple différence entre
les tribus nomades et les tribus sédentaires. Les
hordes sauvages du Nord avec leur organisation
militaire très avancée luttent contre les Toltèques
voués exclusivement à l'agriculture. »

Ceci ne s'applique pas seulement au Pérou et
au Mexique mais à l'Amérique tout entière, une
preuve nouvelle de l'assertion que la nature humaine est partout la même et s'affirme identique

sous les conditions économiques et géographiques les plus différentes. Partout où l'occasion s'en présente l'homme, quand il en a le pouvoir, préfère le moyen politique au moyen économique. Et non pas seulement l'homme : Maeterlinck dans sa *Vie des Abeilles* raconte que lorsque ces intelligentes bestioles se sont rendu compte que l'on peut se procurer le miel en pillant une ruche étrangère sans avoir à s'astreindre à un labeur pénible, elles sont à jamais perdues pour le moyen économique. Les abeilles diligentes sont devenues des abeilles pillardes.

Laissant de côté les formations d'Etat du Nouveau-Monde qui sont sans importance pour les grandes lignes de l'histoire universelle, nous trouvons comme force motrice de l'histoire, comme raison créatrice de tous les Etats, l'opposition entre laboureurs et pasteurs, entre travailleurs et pillards, entre la steppe et la plaine. Ratzel, qui étudie la sociologie du point de vue géographique, exprime ceci très justement : « Le fait que nous nous trouvons maintenant en présence non plus de tribus mais d'Etats, et même d'Etats d'une certaine puissance, nous prouve irréfutablement que le nomade n'est pas exclusivement un élément destructeur vis-à-vis de la civilisation sédentaire. Le caractère guerrier du nomade renferme une puissance créatrice d'Etat dont nous trouvons la trace dans les grands Etats asiatiques sous la domination d'armées et de dynasties de nomades : la Perse gouvernée par les Turcs, la Chine conquise et régie par les Mongoles et les Mandchous, les Etats Mongoles et Radjpouts de l'Inde. Cette force créatrice se manifeste clairement de nos jours encore sur la frontière soudanaise où la fusion des éléments, antagonistes d'abord, puis associés en une action féconde, n'a pas atteint un degré aussi avancé. C'est là, sur ce terrain où les peuples nomades et agriculteurs se trouvent constamment en contact, que l'on voit mieux que partout ailleurs combien il est faux d'attribuer à l'effet d'une activité pacifique les grands résultats de l'impulsion civilisatrice des nomades. Cette impulsion, se basant dans son essence sur les tendances belliqueuses des tribus, est au contraire en opposition avec les tendances de pacification civilisatrice auxquelles elle nuit même tout d'abord. La force de cette impulsion réside dans la capacité que possèdent les nomades de rassembler fortement les peuplades sédentaires et peu homogènes. Certes, ils ont beaucoup à apprendre de leurs vaincus. Mais ce que ceux-ci, travailleurs assidus, artisans habiles, ne possèdent pas, et ne peuvent pas posséder, c'est l'énergie et la force de commandement, c'est l'esprit conquérant et surtout la capacité d'organisation politique et de subordination. Par là les seigneurs arabes dominent leurs populations nègres du Soudan comme les Mandchous dominent les Chinois. Ici s'affirme la même loi universelle, valable à Tombouctou comme à Pékin, qui décrète que les plus parfaites formations d'Etat ont toujours lieu dans des territoires fertiles, bornés par de vastes steppes, où une haute culture matérielle de peuples sédentaires est violemment annexée par des nomades énergiques, au caractère autoritaire et belliqueux » (26).

On peut distinguer six périodes distinctes dans le développement de l'Etat né de la subjugation d'un peuple de laboureurs par une tribu pastorale ou par des nomades maritimes. En les décrivant nous ne prétendons pas avancer que dans chaque cas particulier le développement' historique ait dû en parcourir l'échelle entière, degré par degré. Sans doute rien de ce que nous exposons ici n'est pure construction théorique, l'histoire et l'ethnologie nous fournissent de nombreux exemples pour chacune des périodes : mais s'il y a des Etats qui semblent les avoir traversées toutes, le plus grand nombre a sauté un ou plusieurs degrés.

Durant la première période c'est le rapt, le meurtre, c'est la guerre de frontière ! Incessamment le combat fait rage, un combat qui ne connaît ni paix ni trêve. Hommes massacrés, femmes et enfants enlevés, troupeaux dérobés, fermes incendiées ! Les agresseurs sont-ils repoussés ils reviennent à la charge plus nombreux que jamais, animés du désir de vengeance. Parfois la communauté des paysans fait un effort violent, rassemble sa milice, réussit peut-être une fois à forcer au combat l'ennemi généralement insaisissable et à lui ôter pour quelque temps l'envie de revenir. Mais la mobilisation est par trop lente, l'approvisionnement dans le désert trop difficile pour les troupes paysannes qui ne transportent pas avec eux, comme le fait l'ennemi, leur réserve de nourriture, les troupeaux. Nous avons pu voir, lors de l'expédition contre les Herreros dans l'Afrique du Sud-Ouest, tout ce qu'a eu à supporter une force supérieure bien disciplinée, ayant derrière elle des bataillons du train, des chemins de fer et les millions de l'empire allemand, avant de parvenir à se rendre maître d'une poignée de pasteurs guerriers. Puis enfin l'esprit de clocher est très fort et au pays les champs restent en friche. C'est pourquoi en pareil cas la troupe peu nombreuse mais homogène et aux mouvements rapides l'emporte presque toujours sur la plus grande masse sans unité.

Telle est la première période de la formation de l'État. Elle peut se prolonger pendant des centaines, des milliers d'années même, comme nous le montre l'exemple suivant des plus caractéristique : « Chaque territoire de pacage d'une tribu turcomane était borné autrefois par une vaste zone que l'on pourrait qualifier de « territoire de butin » de ces tribus. Tout le Nord et l'Est du Khorassan ont appartenu pendant de longues années aux Turcomans, Iomoudes, Goclanes et autres peuplades des steppes avoisinantes beaucoup plus qu'à la Perse dont l'autorité restait purement nominale. De même les territoires limitrophes entre Khiva et Boukhara étaient continuellement en butte aux expéditions pillardes des Tekintzènes avant que l'on y eût introduit, usant de force ou de ruse, d'autres tribus turcomanes faisant office de tampon. Nous trouvons d'innombrables faits à l'appui dans l'histoire des chaînes d'oasis reliant l'Est à l'Ouest de l'Asie à travers les déserts centraux. Là, la domination chinoise se maintient depuis l'antiquité, grâce à la possession de points stratégiques, célèbres dans l'histoire universelle, tels que l'oasis de Chami. Constamment les Nomades venant du Nord ou du Sud tentèrent de pénétrer dans ces îlots de terrain plus fertile qui leur apparaissaient sans doute comme de véritables îles bienheureuses, et, vainqueurs ou vaincus, la steppe protectrice leur était ouverte. Bien que le péril le plus menaçant soit écarté par suite de l'affaiblissement constant du Mongolisme et de l'occupation effective du Thibet, la dernière insurrection des Dourganes n'en a pas moins montré avec quelle facilité les flots d'une peuplade nomade peuvent envahir ces îlots de civilisation dont l'existence ne pourrait être assurée que par la complète disparition de la vie nomade, condition impossible à réaliser tant qu'il y aura des steppes dans l'Asie centrale » (27).

On peut aussi ranger comme appartenant à cette première période de l'Etat les grandes invasions mentionnées dans l'histoire du Monde Ancien en tant qu'elles eurent pour but non la conquête mais le pillage pur et simple. Telles les invasions qui se déversèrent sur l'Europe occidentale : Celtes, Germains, Huns, Avares, Arabes, Hongrois, Tartares, Mongols et Turcs venant du continent, Vikings et Sarrasins venant de la mer. Ces expéditions qui submergeaient des continents entiers, bien au delà des frontières du territoire habituel de pillage, avançaient, se retiraient, réapparaissaient pour disparaître enfin ne laissant derrière elles que des ruines. Parfois aussi les masses conquérantes se fixaient sur un point quelconque du territoire envahi, et, passant sans transition de la première à la sixième et dernière période du développement de l'Etat, elles établissaient une domination permanente sur les populations paysannes. Ratzel donne une excellente description de ces migrations des peuples :

« Les expéditions des grandes hordes de nomades dont l'Asie Centrale en particulier submergea avec une violence inouie les pays environnants présentent un frappant contraste avec cette pénétration lente et pacifique. Les nomades de cette région, de même que ceux de l'Arabie et de l'Afrique Septentrionale, joignent à la mobilité propre à leur genre d'existence, une parfaite organisation, ramassant et unissant la masse dans la poursuite d'un but commun. La vie nomade, basée comme elle est sur le sentiment de solidarité du patriarcat, favorise le développement de puissances despotiques d'une portée considérable. De là prennent naissance ces mouvements des masses qui sont aux mouvements constants de l'humanité ce qu'est le courant d'un torrent dévastateur au ruissellement paisible d'une source. Leur importance ressort des annales de la Chine, de l'Inde, de la Perse non moins clairement que de celles de l'Europe. Tels les nomades errent dans leurs vastes pâturages avec leurs femmes, leurs enfants, leurs esclaves, leurs chariots, leurs troupeaux et tout leur avoir, tels ils envahissent les contrées avoisinantes et ce que cet encombrement leur fait perdre en rapidité est compensé par l'avantage que leur assure leur masse. Ils avancent, refoulant devant eux les populations épouvantées, et se répandent sur le territoire conquis. Emmenant partout avec eux toutes leurs possessions ils s'installent ainsi sur leurs nouveaux territoires et c'est à ce fait surtout que leurs établissements doivent leur importance ethnographique. Rappelons pour mémoire les invasions des Magyars en Hongrie, des Mandchous en Chine et celles des peuplades turques dans les territoires compris entre la Perse et l'Adriatique » (28).

Ce qui est rapporté ici des peuples pasteurs de race hamite, sémite, mongole et même en partie aryenne, s'applique aussi aux nègres de pure race lorsqu'ils se livrent aux occupations pastorales. « Il y a dans le caractère belliqueux des tribus pastorales cafres une force d'expansion latente qui n'a besoin que d'un but tentant pour amener des résultats considérables et bouleverser de fond en comble les conditions ethnologiques de vastes territoires. Ce but a été pour eux la conquête de l'Afrique Orientale, une contrée dont le caractère géographique avait favorisé le développement de nombreuses et prospères peuplades de laboureurs pacifiques sans cependant, comme dans les terres de l'intérieur, prohiber l'élevage par ses conditions climatériques, ce qui eut paralysé dès le début la force d'attaque des nomades. Comme un torrent dévastateur les tribus errantes cafres se répandirent sur les terrains fertiles du Zambèze jusqu'aux hauts plateaux situés entre le Tanganyika et le littoral où ils rencontrèrent dans l'Ounyamvesi l'avant-garde d'un peuple hamite venant du Nord, les Vatousi. Une partie de l'ancienne population de ces territoires a été exterminée, une partie, réduite en esclavage, cultive le terrain jadis libre de leurs ancêtres, le reste enfin ou n'a pas encore abandonné la lutte ou vit en paix dans les établissements que le flot de la conquête a épargnés » (29).

Ce qui s'est passé là devant nos yeux, ce qui s'y passe encore de nos jours, c'est aussi « ce qui a ébranlé depuis des siècles l'Afrique Orientale depuis le Zambèze jusqu'à la Méditerranée ». La première de ces fondations d'Etat dont l'histoire fasse mention est l'invasion des Hyksos, la subjugation de l'Egypte pendant une période d'au moins cinq siècles par les pasteurs des déserts du Nord et de l'Est, « races alliées de ces peuplades qui, de nos jours encore, font paître leurs troupeaux entre le Nil et la Mer Rouge » (30). D'autres Etats se formèrent encore en grand nombre sur les bords mêmes du Nil et dans les territoires du Sud jusqu'au royaume du Mouata-Jamvo, situé à la lisière méridionale du Congo, dont les marchands portugais en Angola mentionnent l'existence vers la fin du xvi° siècle, et jusqu'au royaume d'Ouganda qui n'a succombé que récemment à l'organisation militaire supérieure des Européens. « Jamais, en aucun lieu, le désert et la civilisation n'ont pu exister en paix l'un près de l'autre, mais leurs luttes sont uniformes et pleines de répétitions » (31).

« Uniforme et pleine de répétitions ! » telle est en somme l'histoire.universelle dans ses grandes lignes car l'âme humaine présente partout une grande uniformité dans ses caractères essentiels,

et répond de la même manière aux mêmes influences de milieu, quelle que soit la race ou la
couleur, sous les tropiques comme dans les zones
tempérées. Il faut seulement reculer assez loin,
placer le point d'observation assez haut, pour que
le jeu bigarré des détails ne nous cache plus les
grands mouvements des masses. Alors les « modi »
de l'humanité qui, toujours en mouvement, lutte,
souffre, et travaille, disparaissent à nos yeux et sa
« substance » éternellement même et éternellement renouvelée, immuable dans le changement
même, nous découvre ses lois « monotones ».

Peu à peu, de cette première période se développe la seconde, notamment lorsque le paysan
assagi par mille défaites s'est résigné à son sort
et a renoncé à la lutte. Alors les nomades les plus
sauvages commencent à se rendre compte qu'un
laboureur assommé ne peut plus labourer, qu'un
arbre abattu ne peut plus porter de fruits. Dans
son propre intérêt il laisse vivre l'homme, il épar-
gne l'arbre quand il le peut. L'expédition nomade
fait encore irruption dans le pays, armée jusqu'aux dents, mais son but n'est plus la guerre
proprement dite, le rapt et la violence. Elle n'in-
cendie et ne massacre qu'autant qu'il est nécessaire pour maintenir un respect salutaire chez les
vaincus ou pour briser des résistances isolées. En
général, en principe, d'après un droit consacré
par l'usage — le commencement de tout droit d'E-

Oppenheimer 3.

tat — le pasteur ne prend plus au paysan que son superflu ; il lui laisse sa maison, ses instruments de travail et de quoi subsister jusqu'à la prochaine récolte *. Le pasteur, durant la première période, peut être comparé à l'ours détruisant une ruche pour en dérober le miel ; dans la seconde c'est l'apiculteur laissant aux abeilles assez de miel pour leur permettre de subsister pendant l'hiver.

Entre la première et la seconde période il s'est fait un énorme pas en avant, un énorme progrès au point de vue économique comme au point de vue politique ! A l'origine l'industrie de la tribu pastorale est toute d'appropriation : impitoyablement la jouissance présente détruit la source de richesses de l'avenir. Maintenant cette industrie est devenue « économique », car agir économiquement, c'est administrer sagement son bien, c'est restreindre la jouissance présente pour assurer celle de l'avenir. Le pasteur a appris à « capitaliser ». Politiquement aussi il y a là un progrès énorme. L'étranger jusqu'alors proie hors la loi, a acquis une valeur, il est reconnu comme source

* Garder de nombreux esclaves est impossible : il serait trop difficile de les nourrir. On maintient plutôt toute la population en sujétion, ne leur laissant que ce qui est absolument indispensable pour subsister. De cette manière des oasis entières sont transformées en domaines que l'on visite à l'époque de la moisson afin de dépouiller les habitants : une forme de domination caractéristique du désert (Ratzel, t. I, ch. 2, p. 393, des Arabes).

de richesses. Sans doute c'est le commencement du servage, de l'oppression, de l'exploitation, mais c'est aussi le commencement d'une organisation sociale supérieure s'étendant au delà des limites du cercle familial. Et déjà, comme nous l'avons vu, le premier lien d'une relation légale se noue par-dessus l'abîme entre pillards et pillés jusque-là ennemis mortels.

Le paysan a désormais une sorte de droit à l'exisence ; tuer celui qui ne résiste pas ou le dépouiller entièrement est devenu répréhensible. Et ce n'est pas tout. Des fils plus fins, plus délicats se tissent en une trame encore bien fragile, des relations se nouent, plus humaines que ne le comporte le brutal pacte de partage selon le principe de la *partitio leonina*. Comme le pasteur ne se heurte plus au paysan dans le feu du combat seulement, il arrive qu'une timide prière soit exaucée, qu'une plainte fondée soit entendue. L'impératif catégorique de l'équité : « Ne fais pas à autrui, etc. », auquel le pasteur obéit implicitement dans ses relations avec ses parents et les membres de la tribu, cet impératif commence pour la première fois, bien timidement encore, à parler pour l'étranger. Là est le germe de ce grandiose processus de fusion extérieure qui, des petites hordes, a fait les peuples, les nations et qui un jour emplira de vie l'idée : Humanité ! Là est aussi le germe de ce rapprochement intérieur

des êtres jadis divisés, qui de la haine des βάρβα-
ροι mène à l'humanisme universel du christianisme et du bouddhisme.

*Nationalité et Etat, Droit et Organisation éco-
nomique supérieure, avec tous les développements
et ramifications qu'ils ont produits et produiront
encore, tous ont pris naissance simultanément en
cet instant d'une importance unique dans l'histoire du monde où, pour la première fois, le vainqueur épargna le vaincu afin de l'exploiter de
façon permanente.* Car tout ce qui est humain a
ses racines dans l'obscur domaine de l'animalité,
l'amour et l'art tout comme l'Etat, le Droit ou
l'Economie.

Bientôt surgit un nouveau facteur qui noue
plus étroitement encore ces relations ébauchées.
Le désert renferme outre l'ours transformé en
apiculteur de nombreux « Bruins » également
friands de miel. Nos pasteurs leur barrent la
piste et défendent leur ruche. Dès qu'un danger
les menace les paysans appellent maintenant les
pasteurs à leur secours : déjà ils leur apparais-
sent, non plus comme pillards et meurtriers mais
comme protecteurs, comme sauveurs. Que l'on se
représente la joie du paysan lorsque la troupe de
vengeurs ramène au village en même temps que
les femmes ou les enfants enlevés, les têtes fraî-
chement coupées ou les scalps des ennemis. Ce ne
sont plus de simples fils qui se nouent ici c'est

un lien d'une force, d'une résistance incroyable. Là se montre l'essence de la force d'intégration qui, à la longue, de deux groupes ethnologiquement étrangers, souvent même de langage et de races différentes, fera *un* peuple possédant une langue, une religion, un sentiment national. Peines et besoins, victoire et défaite, chants de triomphe et plaintes funéraires, tout est désormais commun. Un immense territoire neuf s'est ouvert où maîtres et sujets ont les mêmes intérêts : cela suffit à engendrer un courant de sympathie, presque de solidarité. De plus en plus chaque partie pressent et reconnaît en l'autre un *être humain*. La similarité des dispositions est ressentie là où auparavant la disparité des dehors, de la mise, des langues et des religions excitait la haine et la répulsion. On commence à se comprendre, d'abord au sens absolu du langage et puis très vite aussi moralement, et le réseau des rapports intimes va se resserrant toujours davantage.

Cette deuxième période de la fondation de l'Etat en contient dans l'ébauche tous les éléments caractéristiques. Aucun progrès ultérieur ne peut se comparer en importance à celui qui de l'ours a fait l'apiculteur. Nous nous bornerons donc maintenant à de brèves indications.

Dans la troisième période la population paysanne apporte elle-même au camp des pasteurs son « superflu » devenu « tribut ». Cette innovation présente pour les deux parties des avantages considérables : avantage pour les paysans comme les petites irrégularités attachées à la forme précédente des levées d'impôts, hommes assommés, femmes violées, fermes incendiées, etc., cessent maintenant entièrement ; avantage aussi pour les pasteurs parce qu'ils n'ont plus dorénavant dans cette affaire, pour employer les termes commerciaux, ni frais divers ni perte de temps et qu'ils peuvent consacrer leur temps et leur énergie disponibles à l'extension de l'exploitation, autrement dit à la subjugation d'autres peuplades paysannes.

Nous trouvons cette forme de tribut mentionnée dans les chroniques des temps historiques : les Huns, les Magyars, les Tartares, les Turcs tiraient le plus clair de leur revenu des tributs payés par les peuples européens. Dans certaines circonstances il arrive même que le caractère de cette redevance s'efface plus ou moins, et le paiement prend alors l'apparence d'une taxe de protection ou même d'une subvention. On connaît l'anecdote d'Attila que l'impérial Incapable de Bysance, considérant le tribut payé comme un subside, fit peindre avec les attributs d'un vassal.

La quatrième période représente elle aussi un pas en avant important, car elle amène la condition essentielle de la constitution de l'État dans la forme extérieure qui nous est familière : la réunion effective des deux groupes ethniques sur un unique territoire *. (On sait qu'aucune définition juridique de l'Etat n'est possible sans l'idée du territoire de l'Etat.) Dès lors les relations des deux groupes, jusque-là internationales, prennent de plus en plus un caractère intranational.

Cette réunion matérielle peut être amenée par des circonstances extérieures : soit que des hordes plus puissantes aient refoulé nos pasteurs plus avant ; soit que l'accroissement de la population ait dépassé la puissance productive des pâturages de la steppe ; parfois aussi une grande mortalité des bestiaux contraint les pasteurs à échanger la vaste steppe contre l'espace relative-

* On trouve en outre chez les Fellata un état intermédiaire entre la troisième et la quatrième période; une sorte de gouvernement mi-international, mi-intranational. « Le peuple conquérant étend comme une pieuvre ses innombrables tentacules parmi les indigènes atterrés qui, par leurs dissensions intestines, lui ouvrent eux-mêmes de nombreuses brèches. Ainsi les Fellata pénètrent lentement dans les terres du Bénoué qu'ils occupent peu à peu. Les explorateurs modernes évitent avec raison de préciser le tracé de frontières fixes. Il y a des villages dispersés des Fellata qui reconnaissent une place donnée comme capitale et centre du pouvoir. Ainsi Mouri est la capitale des nombreux établissements des Fellata disséminés dans le Bénoué central et Yola dans le pays d'Adamaoua a probablement une position analogue. Il n'existe pas encore de royaumes véritables, strictement délimités entre eux et réunis contre les tribus indépendantes. Ces capitales elles-mêmes sont loin d'être établies de façon stable. » (Ratzel, t. I, ch. 2, p. 492.)

ment restreint de la vallée. Mais en général les raisons intérieures sont suffisamment puissantes pour engager les pasteurs à se rapprocher en permanence des paysans. Le devoir de protection contre les « ours » les obligent à maintenir tout au moins une troupe de jeunes guerriers dans le voisinage de leur « ruche », ce qui constitue en même temps une excellente mesure de précaution afin de réprimer toute velléité de révolte des « abeilles » et aussi toute fantaisie les poussant à se mettre sous la protection d'un autre « ours-apiculteur », un cas qui se produit assez fréquemment. C'est de cette manière que, d'après la tradition, les fils de Rurik ont pénétré en Russie.

Ce voisinage effectif n'est pas tout d'abord une communauté d'Etat au sens étroit du mot, n'est pas une organisation unitaire.

Lorsqu'ils ont affaire à des sujets de caractère entièrement pacifique les pasteurs continuent à mener tranquillement leur existence nomade parmi leurs Périeuques et leurs Ilotes, errant et faisant paître leurs troupeaux. Ainsi vivent les Vahoumas au teint clair (32), « les plus beaux hommes du monde » (Kandt) dans l'Afrique Centrale ; ainsi vit le clan Touaregg des Hadanara, de la tribu des Asgar qui «. ont établi leur foyer chez les Imra et sont devenus des aventuriers errants. Ces Imra sont la classe domestique des Asgar et sont entièrement exploités par eux bien qu'ils soient en état de mettre sur pied un nombre de combattants dix fois plus considérable que celui de leurs maîtres ; la position réciproque des Asgar et des Imra est à peu près celle des Spartiates et des Ilotes » (33). Il en est de même des Teda dans la contrée voisine de Borkou : « De même que le pays se divise en demi-désert où vivent les nomades et en jardins fertiles et bosquets de palmiers, de même la population se divise en nomades et habitants sédentaires. Leur nombre respectif est à peu près le même, il peut y avoir en tout dix à douze mille habitants, mais il va sans dire que les sédentaires sont entièrement dominés par les nomades (34). »

Et la même loi s'applique à tout le groupe des peuplades pastorales des Galla, Masai et Vahouma :

« Bien que les inégalités des possessions soient considérables, nous trouvons peu d'esclaves comme classe domestique. L'emploi est tenu par des peuplades inférieures vivant en dehors de la tribu. La vie pastorale, qui est la base de la famille et de l'Etat, est en même temps le principe des mouvements politiques. Dans le vaste territoire compris entre le Choa et les contrées méridionales d'un côté et Zanzibar de l'autre côté il n'existe, en dépit d'une organisation sociale très développée, aucune puissance politique stable (35). »

Dans les contrées où le terrain ne se prête pas

à l'élevage en grand, ce qui est le cas par exemple dans la presque totalité de l'Europe occidentale, ou lorsque le caractère moins pacifique de la population fait prévoir des soulèvements possibles, le peuple des conquérants devient de plus en plus sédentaire et établit sur des points fortifiés ou stratégiquement importants ses campements, ses châteaux forts ou ses villes. De là les maîtres gouvernent leurs sujets dont ils ne soucient du reste qu'autant que l'exigent les exigences du droit tributaire. Administration, religion, justice et exploitation, tout est entièrement entre les mains des asservis : leur constitution autochtone même, comme leurs autorités locales sont respectées.

Si Frantz Buhl (36) est bien informé tel fut aussi le commencement de la domination israélite dans la terre de Canaan. L'Abyssinie, cette imposante puissance militaire ne semble pas avoir dépassé de beaucoup cette quatrième période de l'Etat. Du moins Ratzel (37) rapporte : « Semblable aux monarques orientaux des temps passés et présents qui ne se sont jamais beaucoup souciés du gouvernement intérieur et des formes de juridiction des peuples asservis, l'Abyssin n'a et n'a toujours eu qu'une seule préoccupation : le tribut. »

Mais l'histoire nous fournit le meilleur tableau de la quatrième période dans l'organisation de l'Ancien Mexique avant l'occupation espagnole :

« La confédération de peuples à la tête desquels
étaient les Mexicains avait des idées un peu plus
avancées en fait de conquête : elle ne détruisit
que les tribus qui opposèrent de la résistance. Le
reste fut seulement dépouillé et soumis ensuite
au tribut. La race vaincue continua à être gouvernée par ses chefs comme par le passé. Aucune
intention de fonder un royaume unifié comme au
Pérou ne distingue cette première attaque : rien
que l'intimidation et le pillage. Le soi-disant
royaume du Mexique n'était en somme à l'époque de la conquête espagnole qu'un amas de peuplades indiennes terrorisées, vivant dans un isolement farouche et maintenues par la crainte des
attaques de la bande de brigands vivant au milieu
d'eux dans un repaire imprenable (38). »

Comme on le voit, il n'est pas encore question
ici d'un État au sens propre du mot. Ratzel le
fait aussi remarquer très justement :

« Lorsque l'on constate combien les points conquis par les guerriers de Montezuma étaient séparés les uns des autres par de vastes territoires
indépendants, on est tenté d'établir une comparaison avec la domination des Hovas à Madagas-
car. Quelques garnisons ou plutôt quelques colonies militaires disséminées sur un vaste territoire
et maintenant péniblement sous le joug un rayon
tributaire minuscule sont loin de représenter

pour nous la souveraine possession de ce territoire (39). »

Mais la logique des choses mène rapidement
de cette quatrième période à la cinquième qui est
presque l'Etat parfait.

Entre les villages, les cantons, des querelles
s'élèvent et tournent en luttes que ne peut tolérer
le groupe conquérant comme elles mettent en
danger la capacité prestative du paysan : il s'in-
terpose, intervient comme arbitre et au besoin
enforce son jugement. Finalement les « maîtres »
ont à la « cour » de chaque roitelet, de chaque
chef de district, un représentant fonctionnaire qui
exerce le pouvoir pendant que l'ancien chef en
garde seulement les apparences. L'Etat des Incas
est l'exemple le plus typique de cette organisation dans des conditions primitives.

Les Incas étaient établis à Cuzko où ils avaient
leurs domaines héréditaires et leurs résiden-
ces (40); mais dans chaque district ils avaient un
représentant, le Tucricuc qui résidait à la cour
du chef indigène. Ce Tucricuc surveillait toutes
les affaires de son district. « Il devait ordonner le
recrutement des soldats, contrôler le paiement
des contributions, arranger les corvées, les constructions de chemins et de ponts, rendre la justice : toutes les affaires concernant le district
étaient soumises à sa juridiction (41). »

L'organisation établie par les chasseurs américains et les pasteurs sémites se retrouve également dans les territoires des chasseurs africains. Les Achantis ont aussi le système du Tucricuc (42) et les Douallas ont pour leurs sujets établis dans des villages séparés une organisation basée sur la conquête, « un degré intermédiaire entre le régime féodal du servage et l'esclavage » (43). Et le même auteur, parlant des Barotzés, décrit une constitution qui correspond presque exactement à l'organisation féodale primitive : « Leurs villages... sont généralement environnés d'un cercle de bourgades où vivent les serfs qui travaillent aux champs de leurs maîtres, cultivent le grain ou gardent les troupeaux (44). » Le seul détail qui nous semble étrange ici, c'est que les seigneurs ne vivent pas isolés dans leurs châteaux forts ou leurs manoirs, mais réunis dans un village au milieu de leurs sujets.

Des Incas aux Doriens de Lacédémone, de Messénie et de Crète il n'y a plus qu'un pas aussi insignifiant que des Fellata, Douallas et Barotzés aux États féodaux organisés d'une façon relativement stricte des royaumes nègres d'Ouganda, Ounyoro, etc., et aux royaumes féodaux correspondants de l'Europe et de l'Asie. Partout les choses se développent vers le même but en raison de la même nécessité socio-psychologique. La nécessité de maintenir les asservis dans leur entière capacité productive conduit pas à pas de la cinquième

à la sixième et dernière période, c'est-à-dire à la
formation de l'Etat dans toute la signification
que nous donnons au terme, à l'entière intrana-
tionalité, au développement de la nationalité. De
plus en plus les maîtres sont forcés d'intervenir,
de concilier, de sévir, de contraindre. L'habitude
du commandement et les coutumes de l'autorité
se développent. Les deux groupes, séparés à l'origine puis réunis sur un même territoire, vivant
l'un près de l'autre seulement d'abord, puis confondus artificiellement en un « mélange » mécanique, deviennent insensiblement une véritable
« combinaison » chimique. Ils se pénètrent, se dis-
solvent, se fondent en une homogénéité d'usages
de mœurs, de langue et de religion, et déjà les
liens de consanguinité commencent à relier les
couches inférieures aux couches supérieures. Partout en effet le peuple vainqueur choisit ses con-
cubines parmi les plus belles vierges du peuple
vaincu, et une race de bâtards s'élève, tantôt admis parmi les maîtres, tantôt rejetés et devenant
alors fatalement, grâce au sang conquérant qui
coule dans leurs veines, les meneurs-nés des
asservis. L'Etat primitif est prêt désormais, dans
sa forme comme dans sa substance.

DEUXIÈME PARTIE

L'Etat féodal primitif

a) La domination

Sa forme est la *domination*. La domination d'une minorité peu nombreuse mais belliqueuse, unie par les liens de consanguinité, sur un territoire strictement délimité et sur ses habitants. Cette domination est exercée selon la formule d'un droit consacré par l'usage, qui fixe les privilèges et les exigences des maîtres et le devoir d'obéissance et les obligations des sujets, et les fixe en outre de telle sorte que la capacité prestative du paysan — l'expression date du xviiiᵉ siècle — n'en souffre pas. L'« apiculture » consacrée par la loi ! Au devoir de prestation du paysan correspond un devoir de protection du seigneur, protection à l'intérieur contre les empiétements des autres seigneurs et protection à l'extérieur contre les attaques de l'ennemi du dehors. C'est là un côté du caractère de l'Etat ; l'autre côté, incomparablement plus important au début, est l'exploitation économique, le « moyen politique » de la satisfaction des besoins. Le paysan donne une partie du produit de son travail sans recevoir d'équivalent : *Au commencement était la rente foncière !*

Les formes dans lesquelles s'accomplissent le prélèvement et la consommation de la rente foncière varient selon le lieu et le temps. Tantôt les maîtres sont établis en compagnie militaire dans un camp fortifié et consomment de façon communiste le tribut des communautés paysannes : tel fut l'Etat Inca. Tantôt un certain territoire est déjà assigné à chaque noble guerrier, mais il en consomme encore les produits de préférence dans la « sussitia » avec ses égaux et ses compagnons d'armes : il en est ainsi à Sparte. Tantôt l'aristocratie territoriale est disséminée sur tout le territoire conquis, chaque membre réside avec sa suite dans son château fort et consomme individuellement les produits de ses terres. Mais il n'est pas encore « propriétaire », il reçoit seulement le tribut de serfs qu'il n'a ni à diriger ni à surveiller : c'est le type de la seigneurie domaniale du moyen âge dans les pays d'aristocratie germanique. Et finalement le seigneur devient le gentilhomme campagnard, les serfs se transforment en ouvriers de sa grande exploitation et le tribut apparaît maintenant comme profit de l'entrepreneur. C'est le type de la première entreprise capitaliste des temps modernes, la grande exploitation agricole dans l'ancien district slave de l'Allemagne de l'Est. Il y a enfin, menant d'un degré à l'autre, de nombreuses périodes de transition.

Mais c'est partout en principe le même Etat. Son but est toujours et partout le « moyen politique » de la satisfaction des besoins : appropriation de la rente foncière d'abord, tant qu'il n'existe pas de travail industriel susceptible d'être accaparé. Sa forme est toujours et partout la domination : l'exploitation imposée comme droit, comme constitution, maintenue et poursuivie strictement, cruellement même au besoin. Pourtant le droit absolu du conquérant est aussi légalement limité dans l'intérêt même du prélèvement permanent de la rente foncière. Le devoir de production du sujet est borné par son droit au maintien de sa capacité prestative; le droit de taxation des seigneurs est complété par leur devoir de protection à l'intérieur et à l'extérieur. Protection légale et défense des frontières.

Dès lors l'Etat primitif est arrivé à maturité, entièrement développé dans l'ensemble de ses éléments constitutifs. La condition embryonnaire est dépassée et il ne se manifestera plus maintenant que des phénomènes de croissance.

Comparé aux agrégats familiaux, l'Etat représente indiscutablement une espèce supérieure. Il embrasse une masse humaine plus considérable dans le cercle d'une organisation plus rigide, plus capable de dompter les forces de la nature et de repousser les ennemis. Il transforme en travail méthodique assidu les occupations jusque-là simples passe-temps. Par là, il est vrai, il amasse une détresse infinie sur la longue suite des générations à venir qui devront gagner leur pain à la sueur de leur front parce qu'à l'âge d'or des libres associations familiales a succédé l'âge de fer de la domination autoritaire. Mais aussi par la découverte du travail véritable il a introduit dans le monde la Puissance qui seule peut nous ramener l'âge d'or nouveau convenant à un degré supérieur de la civilisation, l'âge d'or du bonheur universel. Il détruit, comme le dit Schiller, le bonheur naïf des peuples enfants pour les élever par l'aride chemin de la souffrance au bonheur « sentimental », au bonheur conscient de la maturité.

Une espèce supérieure ! Déjà Paul von Lilienfeld, un des principaux représentants de l'École qui voit dans l'État un organisme supérieur, a indiqué le parallélisme remarquable existant ici entre l'organisme développé et l'organisme rudimentaire. Tous les êtres supérieurs se reproduisent sexuellement ; les êtres inférieurs se reproduisent par division, par gemmation ou tout au plus par la copulation. La croissance et la reproduction de l'association familiale antérieure à l'État correspondent exactement à ces simples méthodes. Elle aussi se développe jusqu'à ce que, devenue trop grande pour que la cohésion soit encore possible, elle se divise, se sépare, et les hordes individuelles ne conservent plus entre elles que de vagues relations sans aucune organisation d'ensemble. La copulation peut se comparer à la fusion de groupes exogames.

L'État, par contre, *est engendré sexuellement.* Dans l'acte de la génération bi-sexuelle, le principe masculin, une petite cellule excessivement active et mobile, le spermatozoïde, recherche le principe féminin, l'ovule, une grande cellule inerte dépourvue de motion propre, la pénètre et se confond avec elle, ce qui donne lieu à un processus de croissance imposante, de merveilleuse différenciation qu'accompagne une intégration aussi complète. La race paysanne inerte et attachée au sol est l'ovule, la tribu pastorale nomade le spermatozoïde de cet acte de génération sociologique : et son résultat est l'arrivée à maturité d'un organisme social supérieur, plus fortement constitué (intégré) et possédant une division organique plus parfaite. On peut prolonger le parallèle à l'infini. La façon dont d'innombrables spermatozoïdes harcèlent l'ovule jusqu'à ce que l'un d'eux, le plus fort ou le plus heureux, découvre et conquière le mikropyle, peut être comparée aux luttes de frontières qui précèdent la formation de l'État ; de même la force d'attraction magique qu'exerce l'ovule sur les spermatozoïdes rappelle l'attraction qu'a la plaine fertile pour les enfants du désert.

Tout ceci est d'ailleurs loin d'être une preuve suffisante en faveur de la théorie de l'organicisme. Mais le problème ne peut être qu'indiqué ici.

b) L'intégration

Nous avons suivi le cours de la formation de l'État depuis sa seconde période, pendant sa croissance objective, dans ses formes politiques et légales et dans sa substance économique. Sa croissance subjective, sa différentiation et son intégration socio-psychologiques sont d'une importance plus grande encore, toute sociologie étant presque entièrement psychologie sociale.

Parlons d'abord de l'intégration.

Le réseau des relations intérieures que nous avons vu se tendre dès la deuxième période se resserre de plus en plus, devient de plus en plus étroit, à mesure que progresse la fusion matérielle que nous avons décrite. Les deux dialectes deviennent une langue ou encore l'un des deux langages, souvent essentiellement différents, disparaît ; parfois celui des vainqueurs, plus souvent celui des vaincus. Les deux cultes se fondent en une reli-

gion dans laquelle le dieu tribal du vainqueur est
adoré comme dieu principal pendant que les an-
ciennes divinités deviennent ses subordonnés ou
ses antagonistes, démons ou diables. Le type physique s'unifie sous l'influence d'un même climat
et d'un genre de vie analogue. Là où une grande
différence a existé et se maintient (45) entre les
deux types, les bâtards rapprochent les extrêmes
jusqu'à un certain degré, et le type de l'ennemi
au delà de la frontière est graduellement ressenti
par tous comme opposition ethnique, comme
« étranger » plus fortement que ne l'est la différence
encore existante entre les deux types désormais
réunis. De plus en plus les maîtres et les asservis
apprennent à se considérer comme « semblables »
du moins par rapport à l'étranger du dehors.
Finalement le souvenir de l'origine différente
s'affaiblit et s'efface parfois entièrement : les conquérants passent pour les descendants des anciens
dieux, et le sont aussi en fait très souvent, comme
ces dieux ne sont autres que les âmes déifiées des
ancêtres. Le sentiment de solidarité devient plus
fort à l'intérieur à mesure que croît chez les membres du « cercle de paix » la conscience de l'isolement vis-à-vis des étrangers au delà de la frontière : ce sentiment s'affirme surtout lors des
heurts avec les Etats voisins, beaucoup plus
agressifs que ne l'étaient autrefois les communautés familiales. L'esprit de fraternité, d'équité,

s'enracine de plus en plus fortement, cet esprit qui régnait jadis entre les membres de la horde seulement et qui réunit maintenant encore les membres de l'aristocratie. Ce ne sont d'abord que de très faibles liens allant de haut en bas. Équité et fraternité ne reçoivent qu'autant de place que peut le permettre le droit au moyen politique. Mais cette place, elles la reçoivent. Et c'est surtout la protection légale à l'intérieur qui, bien plus que la défense extérieure, noue un lien puissant de solidarité : *Justitia fundamentum regnorum !* Lorsque les seigneurs, agissant comme groupe social, exécutent « de par la loi » un gentilhomme meurtrier ou voleur qui a outrepassé les limites du droit d'exploitation, le sujet reconnaissant se réjouit plus sincèrement qu'après une bataille gagnée.

Tels sont les grands traits du développement de l'intégration intérieure. Les intérêts communs d'ordre et de paix engendrent un puissant sentiment collectif que l'on peut presque nommer déjà « conscience d'Etat ».

c) **La différentiation**

(Théories et psychologie des groupes)

De l'autre côté il s'accomplit « pari passu », comme dans tout développement organique, une différentiation intérieure aussi importante. Les intérêts des différents groupes engendrent de forts sentiments de classe ; les couches inférieures et supérieures de la société développent une conscience de groupe correspondant à leurs intérêts particuliers.

L'intérêt du groupe dominateur est de maintenir le droit du moyen politique qu'il a imposé : il est « conservateur ». L'intérêt du groupe dominé tend au contraire à abolir ce droit et à le remplacer par un nouveau droit d'égalité pour tous les membres de l'Etat : il est « libéral » et révolutionnaire.

Là est la source profonde de toutes les psychologies de classe et de parti. Et déjà se forment, selon de sévères lois psychiques, des enchaînements d'idées incomparablement puissants qui, comme théories de classe, dirigeront et légitimeront pendant des milliers d'années les luttes sociales dans la conscience des contemporains.

« Quand la volonté parle, la raison doit se taire » dit Schopenhauer, et Ludwig Gumplowicz émet une opinion identique lorsqu'il écrit : « L'homme agit comme être naturel avant de penser comme homme. » L'individu, dont la volonté est strictement déterminée, doit agir comme le commande son milieu : la même loi s'applique à toutes les communautés humaines, groupe, classe, ou Etat. Toutes se portent du lieu de plus haute pression économique et sociale vers le lieu de plus faible pression en suivant la ligne de moindre résistance. L'individu, comme le groupe social, croit agir librement alors qu'une inexorable loi le force à considérer le chemin qu'il parcourt, le point auquel il aspire, comme chemin, comme but librement choisi. Et l'homme étant un être raisonnable et moral, c'est-à-dire un être social, est contraint de justifier le moyen, le but de son activité devant le tribunal de la raison et de la moralité, autrement dit devant la conscience morale.

Tant que les relations entre les deux groupes ont été de simples relations internationales entre des ennemis, le moyen politique n'a pas eu besoin de justification : l'étranger n'a aucun droit. Mais dès que l'intégration intérieure a développé le sentiment de solidarité, la conscience d'Etat, dès que le serf a acquis un « droit » et à mesure que s'approfondit le sentiment d'égalité, le moyen politique doit être justifié et chez les dominateurs prend naissance la théorie de groupe : le légitimisme.

Partout et toujours le légitimisme avance pour justifier la domination et l'exploitation les mêmes raisons anthropologiques et théologiques. Le groupe dominateur qui considère le courage et la valeur guerrière comme les uniques vertus de l'homme, se proclame lui-même, le vainqueur — et très justement à son point de vue — la race la plus digne, la race supérieure ; et cette opinion s'affermit à mesure que déchoit la race asservie, amoindrie par un labeur acharné et une nourriture insuffisante. De plus comme le dieu tribal du groupe dominateur est devenu le dieu principal de la religion d'Etat nouvellement instituée, cette religion proclame — et très justement à son point de vue — que l'ordre établi est « selon la volonté divine » est « tabou ». Par un simple renversement logique le groupe subjugué lui apparaît vraiment comme de race indiscutablement inférieure, récalcitrante, perfide, paresseuse et lâche, absolument incapable de se gouverner et se défendre elle-même. Et chaque soulèvement contre l'autorité doit inévitablement lui apparaître comme une révolte contre Dieu lui-même et contre sa loi morale. Aussi le groupe dominateur est-il partout étroitement lié au clergé dont les dignitaires se recrutent généralement parmi ses fils et qui participe à ses droits politiques et à ses privilèges économiques.

Telle était, telle est encore de nos jours la théorie de classe des dirigeants : pas un trait n'a été effacé, pas un trait ajouté. Même l'affirmation toute moderne par laquelle l'aristocratie territoriale en France et dans l'Allemagne de l'Est, a essayé de repousser les revendications des paysans à la propriété du sol, en déclarant que la terre appartenait à l'origine à l'aristocratie qui la céda

en fief aux laboureurs, cette affirmation est avancée également chez les Vahouma (46) et fort probablement aussi en nombre d'autres pays.

De même que leur théorie de classe, leur psychologie est et a été de tous temps la même. Le
trait le plus saillant est l'orgueil aristocratique,
le mépris de la classe laborieuse. Cet orgueil est
si profondément entré dans le sang qu'il subsiste
encore chez les pasteurs lorsqu'ils sont tombés
dans une quasi-servitude par suite de la perte de
leurs troupeaux. « Les Gallas au nord du Tana,
que les Somalis ont dépouillés de leurs riches
troupeaux et qui sont devenus bergers chez des
maîtres étrangers et même parfois laboureurs
(dans la contrée du Sabaki), regardent néanmoins
avec mépris les Vapokomos ; ils semblent avoir
plus de considération pour les peuples chasseurs
des Vabonis, Vassanias et Valangoulos (Ariangou-
los) tributaires des Gallas auxquels ils ressem-
blent (47). » Et la description suivante des Tibbous
semble avoir été faite pour Gauthier-sans-Avoir,
ou la foule des chevaliers errants qui allèrent
chercher dans les croisades butin et seigneurie ;
elle s'applique aussi à maint noble aventurier de
l'Allemagne de l'Est, à maint Schlachzize (noble
polonais) ou Hidalgo en haillons : « Les Tibbous
possèdent un haut sentiment de dignité : ils peuvent être des mendiants, mais ne sont jamais des
parias. D'autres peuples dans les mêmes circons-

tances seraient misérables et aveulis : les Tibbous ont une nature d'acier. Ils ont toutes les
qualités nécessaires pour être des brigands, des
guerriers, des dominateurs parfaits. Leur système
de pillage même est admirable dans sa vilenie.
Ces Tibbous dépenaillés, affamés, se débattant
dans la plus noire misère, élèvent des prétentions impudentes qu'avec une bonne foi, réelle ou
apparente, ils proclament comme leur droit. Le
droit du chacal qui considère l'avoir de l'étranger
comme possession commune sauve seul ces êtres
avides du dénûment complet. A ces traits viennent s'ajouter l'insécurité d'un état de guerre
presque constant qui donne à l'existence un élément quémandeur réclamant des satisfactions
immédiates (48). » Et ce que l'on rapporte du soldat en Abyssinie n'est pas davantage un trait
exclusivement Est-Africain : « Ainsi équipé il
arrive, plein de dédain pour tous ; la terre lui
appartient, c'est pour lui que le paysan doit pei-
ner (49). »

Avec une naïveté absolue l'aristocrate, plein
de mépris pour le moyen économique et son représentant, le paysan, se déclare ouvertement par-
tisan du moyen politique. La guerre « loyale » et
le rapt « loyal » représentent son industrie seigneuriale, son bon droit. Son droit s'étend — vis-
à-vis de quiconque n'appartient pas au même
cercle de paix — exactement aussi loin que son

pouvoir. Nulle part, je crois, on ne trouve une glorification plus caractéristique du moyen politique que dans le chant dorien bien connu :

J'ai de précieux trésors, ma lance et mon épée
Et puis l'abri du corps, mon pesant bouclier.
Leur fier travail remplit de lourds épis mes granges,
Extrait le suc doré au temps de la vendange
Et me sacre « Seigneur » ! Le reste n'est que fange.

Mes esclaves jamais ne brandiront l'épée ;
Ils n'oseraient lever mon pesant bouclier.
Le front dans la poussière et courbés sous ma loi
Comme le font mes chiens, ils me baisent les doigts.
Je suis leur « Grand Seigneur » ! Mon nom sème l'effroi *.

Si l'orgueil du maître conquérant éclate dans ces strophes arrogantes les vers suivants, cités d'après Sombart, et appartenant à un milieu et à un degré de civilisation entièrement différents nous montrent que le pillard subsiste toujours

* Ich habe grosse Schaetze ; den Speer, dazu das Schwert :
Dazu den Schirm des Leibes, den Stierschild altbewachrt.
Mit ihnen kann ich pflügen, die Ernte fahren ein,
Mit ihnen kann ich keltern den süssen Traubenwein,
Durch sie trag'ich den Namen « Herr » bei den Knechten mein.

Die aber nimmer wagen, zu führen Speer und Schwert,
Auch nicht den Schirm des Leibes, den Stierschild altbewachrt,
Die liegen mir zu Füssen am Boden hingestreckt,
Von ihnen, wie von Hunden, wird mir die Hand geleckt ;
Ich bin ihr Perserkönig — der stolze Name schreckt (50).

dans le guerrier en dépit du christianisme, de la Paix de Dieu et du Saint-Empire Romain. Là aussi le poète loue le moyen politique, mais dans sa forme la plus crasse, le vol de grand chemin :

> Veux-tu faire fortune,
> Jeune gentilhomme,
> Suis mon conseil
> En selle et cherche aventure.
> Tiens-toi dans le bois verdoyant
> Et quand le paysan s'y risque
> Attaque-le sans hésiter.
> Attrappe-le au collet
> Et pour réjouir ton cœur
> Prends-lui tout ce qu'il a
> Et dételle ses chevaux (51) *

Sombart continue : « Lorsqu'il ne préférait pas chasser un gibier plus riche et enlever de force aux marchands le contenu de leurs ballots. Le vol de grand chemin a toujours été la forme naturelle de l'industrie du seigneur lorsque ses ren-

---

* « Wiltu dich erneren
du junger edelman,
folg du miner lere
sitz uf, drab tum ban !
halt dich zu dem grünen wald,
wan der bur ins holz fert,
so renn in freislich an !
derwüsch in bi dem kragen,
erfreuw das herze din,
nimm im, was er habe
span uss die pferdelin sin. »

tes seules ne suffisaient pas à satisfaire les besoins
du train d'existence journalier, augmentés par
les exigences croissantes du luxe. Le brigandage
était considéré comme une occupation absolument
honorable : s'emparer de ce qui est à portée de
la pointe de la lance ou du tranchant de l'épée
est entièrement conforme à l'esprit de chevalerie.
Le chevalier faisait son apprentissage de brigand
tout comme le savetier apprend son métier. C'est
ce que proclame gaîment la chanson :

> « A batailler et roder il n'y a aucune honte
> Les plus nobles du pays en font autant * »

A ce trait dominant de toute psychologie de
gentilhomme vient s'ajouter, comme seconde marque distinctive à peine moins caractéristique, la
dévotion convaincue ou du moins marquée avec
ostentation. Ce trait démontre de façon probante
la facilité avec laquelle, étant données les mêmes
conditions sociales, les mêmes représentations
s'imposent toujours de nouveau. Dieu apparaît encore de nos jours à la classe dominatrice comme
son « dieu » spécial, et surtout de façon prédomi-
nante comme le dieu des armées. La connaissance
du Dieu créateur de tous les hommes, y compris
les ennemis, et même depuis le christianisme du
Dieu d'amour, ne peut rien contre la force avec

* « Ruten, roven, det en is gheyn schande
dat doynt di besten van dem lande. »

laquelle les intérêts de classe construisent leur propre idéologie. Citons encore pour compléter le tableau de la psychologie aristocratique la tendance à la prodigalité qui se présente souvent de manière plus sympathique sous forme de libéralité, qualité évidente chez qui ignore le prix du travail ; et enfin comme trait le plus noble la bravoure à toute épreuve, engendrée par la nécessité, impérieuse pour une minorité souveraine, d'être prêt à tout instant à défendre ses droits l'arme à la main ; l'affranchissement de tout travail favorise du reste aussi le développement de cette dernière qualité en permettant l'aguerrissement physique produit par les exercices du corps, la chasse et les luttes. Son revers est l'humeur querelleuse, l'exagération extravagante du point d'honneur personnel.

Ici une petite digression. César trouva les Celtes de la Gaule précisément dans cette période de leur développement, lorsque l'aristocratie était parvenue au pouvoir. Sa description classique de cette psychologie de classe passe depuis pour le tableau de la psychologie de la race celte. Même un Mommsen s'y laisse prendre et cette méprise manifeste se continue dès lors indestructible dans tous les ouvrages sur l'histoire universelle et la sociologie. Un coup d'œil suffirait pourtant à reconnaître que tous les peuples, quelle que soit leur race, ont présenté le même caractère durant la même période de leur développement (les Thessaliens, Apuliens, Campanes, Germains et Polonais en Europe) pendant que les Celtes, et en particulier les Français, présentent pendant toutes les autres périodes des traits caractéristiques entièrement différents. Psychologie de phase et non psychologie de race !

De l'autre côté, partout où les représentations religieuses consacrant l'Etat sont faibles ou vont s'affaiblissant, une notion plus ou moins claire du « droit naturel » s'élève comme théorie du groupe des asservis. La classe inférieure ressent comme une arrogance insupportable l'orgueil de race aristocratique et se considère comme étant de tout aussi bonne lignée et de sang aussi noble, et cela encore avec raison, l'assiduité et l'esprit d'ordre étant pour elle les seules vertus. Elle est souvent sceptique vis-à-vis de la religion qu'elle voit trop souvent liguée avec ses ennemis et elle est aussi fermement convaincue que les privilèges du groupe dominateur offensent le bon droit et la raison que ses maîtres sont persuadés du contraire. Ici aussi tous les développements ultérieurs n'ont pu ajouter aucun trait important aux éléments primordiaux.

Guidés plus ou moins consciemment par ces idées, les deux groupes livrent désormais le grand combat des intérêts, et l'Etat naissant risquerait d'éclater sous la pression de ces forces centrifu-

ges si les forces centripètes de l'intérêt commun,
de la conscience d'Etat, n'étaient pas en général
plus puissantes encore. La pression extérieure de
l'Etranger, de l'ennemi commun, est plus forte
que la pression intérieure des intérêts particuliers antagonistes. Que l'on se rappelle la fable
de la *secessio plebis* et la mission couronnée de
succès de Menenius Agrippa. Le jeune Etat sui-
vrait ainsi éternellement, nouvelle planète, la voie
que lui trace le parallélogramme des forces, si
l'évolution ne le transformait, lui et son milieu,
en développant de nouvelles forces extérieures
et intérieures.

d) L'Etat féodal primitif de degré supérieur

Sa croissance déjà amène d'importantes transformations : et le jeune Etat doit croître. Les mêmes forces qui l'ont appelé à la vie le poussent
à s'étendre, à agrandir le cercle de sa domination.
Même s'il était possible qu'un Etat naissant de ce
genre fût « rassasié » comme prétend l'être mainte
grande puissance moderne, il n'en devrait pas
moins continuer à se développer, à s'étendre s'il
ne veut pas disparaître. Dans ces conditions sociales primitives la loi est inexorable: « Il faut s'élever ou tomber, vaincre ou succomber, être mar-
teau ou enclume. »

Les Etats sont maintenus par le même principe qui les a créés : l'Etat primitif est une création de la violence belliqueuse, il ne peut être maintenu que par la violence belliqueuse.

Le besoin économique du groupe dominateur est illimité : le riche ne se trouve jamais assez riche. Le moyen politique est employé contre les communautés paysannes encore libres, contre de nouvelles terres non rançonnées. L'Etat primitif croît et s'étend jusqu'à ce qu'il se heurte sur la frontière des « sphères d'intérêt » respectives à un autre Etat primitif d'origine analogue. Alors, pour la première fois, nous avons non plus l'expédition pillarde mais une véritable guerre au sens strict du mot : ce sont dorénavant des masses également organisées et disciplinées qui se trouvent en présence.

Le but du combat est toujours le même : le produit du moyen économique des masses laborieuses, butin, tribut, impôt, rente foncière. Mais le combat n'a plus lieu entre un groupe voulant exploiter et un autre devant être exploité ; ce sont deux groupes dominateurs qui se disputent la proie entière.

Le résultat final du heurt est presque toujours la fusion des deux Etats primitifs en un nouvel Etat plus important. Celui-ci naturellement, poussé par les mêmes mobiles, étend aussi ses frontières, dévore ses voisins plus faibles et finit généralement par être dévoré à son tour par un voisin plus puissant.

L'issue de ces luttes de prépondérance est de peu d'intérêt pour le groupe asservi ; il lui est relativement indifférent de payer tribut à l'un ou l'autre maître. Mais il est d'autant plus intéressé au *cours* même de la lutte, car elle est livrée littéralement sur son dos, et la conscience d'Etat des serfs les dirige justement en les poussant à soutenir de toutes leurs forces leur groupe de seigneurs héréditaires, excepté dans les cas d'oppression ou de mauvais traitements par trop exagérés. Lorsque le propre groupe a le dessous toute la désolation de la défaite frappe en premier lieu les sujets. C'est ainsi à la lettre pour leur famille et leur foyer qu'ils combattent, lorsqu'ils luttent pour ne pas changer de maîtres.

C'est au contraire à l'issue de ces luttes de prépondérance que le groupe des maîtres est intéressé car l'enjeu est son existence même. L'extermination complète le menace en cas de défaite (noblesse germanique dans le royaume des Francs); et la perspective d'être rejeté dans le groupe des asservis lui paraît au moins aussi redoutable. Parfois un traité de paix opportun lui assure au moins le rang social d'un groupe dominateur inférieur (noblesse saxonne dans l'Angleterre normande, suppanes dans le territoire slave de l'Allemagne) ; parfois aussi, lorsque les forces antagonistes sont à peu près égales, les deux groupes se fondent en une aristocratie ayant des droits égaux et unie par le *jus connubii* (dynasties isolées de Venèdes dans les territoires d'occupation slave, familles albes et étrusques à Rome).

Le groupe dominateur de « l'Etat féodal primitif de degré supérieur », comme nous le nommerons désormais, se désagrège ainsi en une combinaison de couches plus ou moins puissantes, plus ou moins privilégiées, une division qui gagne encore en diversité de par le fait que déjà, dans l'Etat féodal primitif, le groupe dominateur se divisait fréquemment en deux rangs économiquement et socialement subordonnés l'un à l'autre, dont la formation remonte à l'époque pastorale : les grands possesseurs de troupeaux et les hommes francs. Là est peut-être l'explication de la rareté des divisions en classes dans les Etats du Nouveau-Monde fondés par les chasseurs : ces derniers ne purent introduire dans l'Etat cette division primordiale en classes rendue seulement possible par la possession de troupeaux. Il nous reste encore à étudier l'influence puissante qu'ont eue ces différences de rang et de fortune sur le développement politique et économique de l'Ancien-Monde.

Un processus de différentiation analogue partage maintenant, de même que les groupes dominateurs, les groupes dominés de notre Etat féodal en différentes couches plus ou moins dépendantes, plus ou moins oppressées et méprisées. Nous ne ferons que mentionner ici la très grande différence qui existait entre les positions sociales et juridiques de la population paysanne des Etats Doriens, Lacédémone et la Crète, et des Thessaliens chez lesquels les Periokes possédaient un solide droit de propriété et des droits politiques passables, pendant que les Ilotes comme les Penestes étaient entièrement dépourvus de droits et de possessions. On trouve de plus dans l'ancienne Saxe une classe intermédiaire entre les hommes libres et les esclaves : celle des Lites (52). Ces cas, et beaucoup d'autres analogues dont l'histoire fait mention, ont vraisemblablement les mêmes causes que celles que nous avons citées à propos des différentes divisions hiérarchiques de la noblesse. Lorsque deux Etats primitifs se fondent en un seul, leurs couches sociales peuvent s'ordonner selon les combinaisons les plus diverses.

Il est certain que ce mélange mécanique, déterminé par les forces politiques, influe aussi sur la formation des castes, c'est-à-dire des professions héréditaires constituant en même temps une hiérarchie sociale. « Les castes sont fréquemment, sinon toujours, la conséquence de la conquête et de l'asservissement par des étrangers » (53). Bien qu'il soit impossible d'embrasser d'un coup d'œil ce problème encore incomplètement résolu, il semble que les influences économiques et religieuses aient dû jouer là aussi un rôle considérable. On peut se représenter la formation des castes de la manière suivante: des distinctions économiques existant déjà entre des professions sont pénétrées et modifiées par les forces de développement de l'Etat et se fixent, se pétrifient sous l'influence d'idées religieuses qui ont pu d'ailleurs participer aussi à leur formation. C'est du moins ce que semble indiquer le fait que déjà, entre l'homme et la femme, il existe des séparations professionnelles infranchissables, « tabou » pour ainsi dire. Pendant que chez les chasseurs par exemple, l'agriculture échoit en partage à la femme, chez un grand nombre de pasteurs africains l'homme s'en empare aussitôt que l'on emploie des bœufs pour le labour. La femme ne peut sans sacrilège se servir de bétail[*]. Des considérations religieuses de ce genre ont probablement contribué à rendre les professions héréditaires, avec coercition même, partout où une industrie spéciale était exercée dans certaines familles ou dans certains villages, ce qui arrive fréquemment chez les peuplades primitives où l'échange est facile, par exemple chez les peuplades insulaires.

---

[*] Dans certaines tribus de chasseurs du Nord de l'Asie, il est sévèrement interdit aux femmes de toucher aux armes ou de traverser une piste (Ratzel, I, p. 650).

Lorsqu'une tribu renfermant de tels groupes d'une profession héréditaire est subjuguée par d'autres peuples, ces groupes forment dans le nouveau corps de l'Etat une « caste » authentique dont le rang social dépend en partie du degré de considération dont elle jouissait auparavant parmi les siens et en partie de l'appréciation accordée par les nouveaux maîtres à la profession exercée. Dans les cas très fréquents où les invasions succèdent aux invasions la formation de castes a dû se multiplier, surtout lorsque entre temps l'évolution économique avait favorisé le développement de nombreux métiers.

On peut suivre le plus facilement les progrès de ce développement dans le groupe des forgerons que nous trouvons presque partout occupant une position à part, à demi craints, à demi méprisés. En Afrique surtout, presque tous les peuples forgeant le fer se trouvent depuis les temps les plus reculés parmi la suite et sous la dépendance des pasteurs. Déjà les Hyksos amenèrent avec eux en Egypte des tribus de forgerons et durent peut-être à leurs armes leur victoire décisive. Jusqu'à une date très récente les Dinnkas ont tenu les Djours, habiles à travailler le fer, dans une sorte de dépendance. Il en est de même des nomades du Sahara ; et dans nos légendes scandinaves l'ancien antagonisme racial envers les « nains » se répercute encore en même temps que la crainte

de leur pouvoir magique. Nous avons là tous les éléments d'une rigoureuse formation de castes dans l'Etat développé (54).

Le rôle tenu par les influences religieuses au début de ces formations apparaît clairement dans l'exemple suivant : « En Polynésie la construction de bateaux est réservée à une classe privilégiée, bien qu'un grand nombre d'indigènes y soient également habiles. Nous avons là un indice probant du lien qui unit étroitement à cet art l'intérêt des Etats et des Sociétés. Non seulement jadis en Polynésie, mais de nos jours encore dans les îles Fidji, les charpentiers se livrant presque exclusivement à la construction de navires forment une caste à part, portent le titre pompeux d' « artisans du roi » et ont leurs chefs indépendants... Tout se passe selon des rites prescrits : l'enchantelage de la carène, l'achèvement du bateau, son lancement sont accompagnés de fêtes et cérémonies religieuses (55). »

Là où la superstition est fortement développée il peut se former sur ces bases mi-économiques, mi-ethniques un véritable système de castes ; en Polynésie par exemple l'organisation en classes équivaut par suite de l'usage du tabou « à un système de castes des plus rigoureux » (56). Il en est de même dans l'Arabie du Sud (57). Le rôle joué par la religion dans l'établissement et le maintien de la hiérarchie en castes en Egypte et de nos jours encore dans l'Inde est trop connu pour qu'il soit nécessaire de nous étendre sur le sujet [*].

Tels sont les éléments de l'Etat féodal primitif de degré supérieur. Ils sont plus variés et plus nombreux que ceux de l'Etat inférieur primitif mais ici comme là le droit, la constitution et la répartition économique sont identiques en principe. Le produit du moyen économique est toujours le but de la lutte des groupes, laquelle demeure le « moyens » de la politique intérieure, de l'Etat : et le moyen politique est également toujours le « moyens » de la politique extérieure, dans l'attaque et la défense. Et invariablement, en haut comme en bas. les fins et les moyens de ces luttes, tant extérieures qu'intérieures, sont justifiés par les mêmes théories de groupe.

Mais l'évolution ne peut rester stationnaire ! Le développement n'est pas seulement l'augmentation des masses; il implique aussi une différentiation et une intégration constamment croissantes.

A mesure que l'Etat féodal primitif étend son territoire de domination, que les sujets qu'il gouverne deviennent plus nombreux et s'établissent en masses plus compactes, sa division économique

---

[*] D'après Ratzel, II, p. 596, la rigidité du régime de castes dans l'Inde ne serait pas si inflexible que le veut la légende. La corporation semble envahir les castes aussi souvent que les castes la corporation.

du travail se développe, suscitant continuellement de nouveaux besoins et de nouveaux moyens de les satisfaire. Les différences entre les situations économiques et par suite entre les situations sociales s'accentuent selon la loi que j'ai définie : « loi d'agglomération autour de noyaux de richesses déjà existants. » Cette différentiation croissante décide finalement du développement ultérieur et par-dessus tout des fins de l'État féodal primitif.

Il n'est pas question ici de fins au sens matériel du mot ! Nous ne nous occuperons pas de l'annihilation de l'État féodal primitif de degré supérieur disparaissant à la suite d'un conflit avec un État plus puissant arrivé à un degré de développement égal ou supérieur, comme par exemple la destruction des Etats Mongols de l'Inde ou celle du royaume d'Ouganda, succombant dans leur lutte contre la Grande-Bretagne. Nous ne voulons pas parler non plus du marasme où sont tombées la Perse et la Turquie, marasme qui ne représente vraisemblablement qu'un arrêt dans la marche de l'évolution, ces pays devant inévitablement reprendre tôt ou tard leur mouvement progressif, soit par leurs propres forces, soit sous l'impulsion d'une puissance conquérante ; et il n'est pas davantage question de la pétrification du gigantesque empire chinois qui ne put se maintenir qu'aussi longtemps que les étrangers plus puissants ne vinrent pas heurter de l'épée les portes mystérieuses *.

Ce que nous étudierons ici ce sont les fins de l'Etat féodal primitif au sens de son évolution ultérieure, fins présentant une importance considérable pour la conception d'ensemble de l'histoire universelle considérée comme *processus*. Si nous n'envisageons que les grandes lignes de l'évolution nous trouvons deux de ces fins, de caractère diamétralement opposé : *et cette divergence fondamentale résulte inéluctablement des moyens entièrement différents par lesquels s'accomplit la « loi d'agglomération autour de noyaux de richesses déjà existants »*. Ici c'est la richesse mobilière, là la richesse immobilière, qui, s'amoncelant dans des mains toujours moins nombreuses, bouleverse de fond en comble l'organisation de classe et avec elle l'édifice entier de l'Etat. Le représentant de la première forme de l'évolution est *l'Etat maritime*, celui de la seconde, *l'Etat*

---

* La Chine mériterait d'ailleurs une étude plus détaillée, car sous nombre de rapports elle s'est déjà beaucoup plus rapprochée de la Fédération libre que ne l'ont fait les peuples de l'Europe occidentale. Elle a surmonté l'Etat féodal beaucoup plus complètement que nous ne l'avons fait, et a rendu de bonne heure inoffensive la grande propriété foncière, si bien que son bâtard, le capitalisme, est à peine parvenu à se constituer. La Chine a également poussé très loin le problème de la production et de la distribution coopératives. La place me manque pour examiner ici en détail cette évolution, étrange pour nous, d'un État Féodal.

territorial; la fin du premier est *l'économie escla-vagiste capitaliste*, la fin du second est d'abord *l'Etat féodal développé.*

L'économie capitaliste esclavagiste, le développement ultime typique des Etats antiques méditerranéens, aboutit, non à la mort de l'Etat, ce qui ne voudrait rien dire, mais *au dépérissement, à la mort des peuples.* Elle constitue ainsi dans l'arbre généalogique de l'évolution historique une branche secondaire qui ne peut servir de base directement à aucun rameau. L'Etat féodal développé par contre représente la branche principale, la continuation directe du tronc, et forme le point de départ du développement ultérieur de l'Etat, ce développement qui nous a conduits d'abord à l'Etat aristocratique, puis à l'Absolutisme et à l'Etat constitutionnel moderne et qui nous mène à présent, tout porte à le croire, vers la Fédération libre de l'avenir.

Tant que le tronc de notre arbre généalogique a poussé dans une direction unique, menant à l'Etat féodal primitif de degré supérieur, notre exposition génétique a pu procéder d'ensemble : maintenant que ce tronc se divise notre étude doit également se diviser afin de suivre chacune de ces branches jusqu'en ses dernières ramifications.

Nous commencerons par l'histoire de l'évolution des Etats maritimes. Non qu'ils soient les plus anciens ! Au contraire, en tant qu'il est possible de le reconnaître à travers les brumes des premiers événements historiques, il semble que les premières fortes fondations politiques aient eu lieu dans ces Etats territoriaux qui se sont élevés, par leurs propres forces, au rang d'Etat féodal développé. Mais les Etats qui nous intéressent particulièrement, nous autres Européens, n'ont pas dépassé ce degré; ils sont demeurés stationnaires ou encore, après avoir été subjugués par les Etats maritimes, ont péri comme eux atteints par le poison mortel de l'esclavage. L'évolution ultérieure de l'Etat féodal jusqu'aux plus hauts degrés de son développement n'a pu avoir lieu qu'après que les Etats maritimes eurent achevé le cours de leur existence ; les puissantes idées et formes de domination qui germèrent dans ces Etats maritimes ont fortement influencé et favorisé l'organisation des Etats territoriaux qui s'élevèrent sur leurs ruines.

C'est pour cette raison que l'exposition du sort des Etats maritimes, en tant que condition préalable des formes supérieures de l'Etat, a droit au premier rang dans cette étude. Nous suivrons donc d'abord la branche secondaire pour revenir ensuite à son point de départ, l'Etat féodal primitif, et de là, suivre la branche principale jusqu'au développement de l'Etat constitutionnel moderne, et, par anticipation, jusqu'à la Fédération libre de l'avenir.

TROISIÈME PARTIE

L'Etat maritime

Le cours de l'existence et des tribulations de l'Etat fondé par les nomades de la mer est déterminé, ainsi que nous l'avons dit plus haut, par le capital commercial, comme l'existence de l'Etat territorial est déterminée par le capital foncier et, ajoutons-le, celle de l'Etat constitutionnel moderne par le capital productif.

Certes le nomade maritime n'a inventé ni le commerce ni le négoce, ni les grandes foires, les marchés et les villes. Tout cela existait avant son arrivée et il n'a eu qu'à le remodeler selon ses intérêts. Ces institutions s'étaient développées depuis longtemps au service du moyen économique, l'échange équivalent.

Pour la première fois dans cette étude nous rencontrons le moyen économique non plus en sa qualité d'objet d'exploitation du moyen politique, mais comme sujet coopérateur dans la formation de l'Etat, comme la chaîne qui traverse

la trame tendue sur le métier par l'Etat féodal
et formant avec elle un matériel plus richement
tissé. La genèse de l'Etat maritime ne peut être
clairement établie que si nous lui subordonnons
le développement des marchés qui ont existé
avant lui. Et nous irons même plus loin ! Il est
indispensable pour établir la prognose de l'Etat
moderne, de connaître les formations que le moyen
économique a créées par lui-même dans les relations d'échange.

a) Commerce antérieur à l'Etat

Le plus grand mérite de la théorie de l'utilité
finale est de nous donner l'explication psychologique de l'échange. D'après cette théorie la valeur
subjective d'un bien économique est en raison
inverse du nombre de ces biens se trouvant dans
la possession du même sujet économique. Si celui-ci en rencontre un second, possédant également
un certain nombre de biens semblables entre eux
mais différents de ceux du premier, tous deux
effectueront volontiers un échange, si l'emploi du
moyen politique n'est pas possible, c'est-à-dire si
les forces et les armes respectives paraissent égales. Il en était de même aux périodes primitives
dans les limites du « cercle de paix », entre les
membres et alliés de la tribu. Dans l'échange
chaque partie reçoit de l'autre un bien d'une très

haute valeur subjective et cède un bien de très basse valeur subjective ; tous deux gagnent donc.

Si l'on prend en considération la nature enfantine du primitif qui estime peu ce qu'il possède mais désire ardemment ce qui est à autrui et est à peine influencé par des attendus économiques, l'on comprend que le désir d'échanger doit agir sur lui beaucoup plus fortement que sur nous.

Il existe pourtant, paraît-il, un certain nombre de peuplades sauvages qui n'ont pas la moindre notion de l'échange. « Cook raconte qu'il a trouvé en Polynésie des peuplades avec lesquelles aucun commerce ne put être lié comme les présents ne leur faisaient pas la moindre impression et étaient jetés de suite. Ces sauvages regardaient avec indifférence tout ce qu'on leur montrait ; rien n'excitait leur convoitise et ils se refusaient à céder aucun objet leur appartenant ; en un mot toute idée de commerce et de troc leur était étrangère (58). » Westermarck croit également que « l'échange et le commerce sont d'origine relativement récente ». En contradiction avec Peschel qui laisse l'homme exercer le troc dès la période la plus reculée qui nous soit connue, il remarque que nous n'avons aucune preuve pour notre assertion que « les hommes des cavernes du Périgord de la période des rennes aient réellement obtenu par le troc le cristal de roche, les coquillages de l'Atlantique et les cornes de l'antilope Saiga polonaise » (59).

Malgré ces exceptions, susceptibles d'ailleurs d'une explication toute autre (les indigènes redoutaient peut-être quelque sorcellerie) l'ethnologie prouve surabondamment que chez l'homme l'instinct de l'échange et du commerce est universellement répandu ; cet instinct ne peut évidemment se manifester que lorsque, à la suite de rencontre avec des étrangers, de nouveaux biens désirables se présentent à l'homme primitif. Dans la horde tous possèdent la même sorte de biens et même, étant donné le communisme primordial, en possèdent aussi en moyenne une même quantité.

La rencontre avec des étrangers ne peut amener l'échange fortuit, le commencement forcé de tout commerce régulier, que lorsqu'elle a un caractère pacifique. Une telle condition est-elle possible ? L'existence entière de l'homme primitif (nous parlons ici des débuts des relations d'échange) n'est-elle pas placée sous le signe : *Homo homini lupus !*

L'on ne peut nier que le commerce dans ses degrés supérieurs n'ait subi en général très fortement l'influence du moyen politique : « Le commerce est en général la suite du rapt (60). » Mais ses premiers débuts sont néanmoins dus surtout au moyen économique, ils sont le résultat non de relations guerrières, mais de relations pacifiques.

Les rapports des chasseurs primitifs entre eux ne doivent pas être confondus avec les rapports qu'ont les chasseurs ou les pasteurs avec les laboureurs ou avec ceux des différentes tribus de pasteurs. Sans doute il y a entre les chasseurs des querelles suscitées par les vengeances, les rapts de femmes ou l'empiétement du territoire de chasse par d'autres hordes : mais il manque à ces querelles l'aiguillon qu'engendre seule la rapacité, le désir de s'approprier le produit du travail d'autrui. Aussi les guerres des chasseurs primitifs sont-elles moins des guerres véritables que des rixes ou des combats individuels qui souvent même, semblables aux duels des étudiants allemands, ont lieu selon un cérémonial fixé, jusqu'à un degré inoffensif d'incapacité de combat, « jusqu'au premier sang » pour ainsi dire (61). Ces tribus, très faibles numériquement, n'ont garde de sacrifier des hommes sans nécessité ; ils ne le font que contraints et forcés, dans les cas de vendetta par exemple, et évitent en général de faire naître l'occasion de nouvelles vengeances.

Parmi ces tribus comme parmi les laboureurs primitifs auxquels l'aiguillon du moyen politique fait également défaut, les relations pacifiques entre tribus appartenant à un même niveau économique sont incomparablement plus fréquentes que chez les pasteurs. Nous pouvons citer un grand nombre de cas où ces peuplades s'associent pacifiquement pour exploiter en commun des produits naturels. « Dès les temps primitifs de la civilisation, de nombreuses populations se rassemblaient aux endroits où l'on trouve en grandes quantités des produits naturels recherchés. Une grande partie des Indiens de l'Amérique vont en pélerinage aux gisements de pierre à pipe ; d'autres se rassemblent tous les ans pour la moisson dans les marais du Zizania, dans le territoire des Grands Lacs. Les Australiens de la région de Barkou, qui vivent disséminés sur ce vaste territoire, se rendent tous aux champs marécageux où se fait la moisson du nardou (Marsillia) (62). » « Dans la province de Queensland lorsque la récolte des fruits farineux du Bounga-Bounga est si abondante qu'elle dépasse les besoins d'une tribu il est permis aux autres peuplades de venir s'en rassasier (63). » « Plusieurs tribus s'entendent pour la possession en commun de certains districts et aussi pour l'exploitation des carrières de phonolithe, employé dans la fabrication des haches (64). » Nous entendons parler également de conseils et de séances où la justice est rendue en commun par les Anciens de quelques tribus australiennes ; le reste de la population représente dans ces cas la « corona », l'assistance du « Mal » germanique (65).

Des relations d'échange s'établissent tout naturellement grâce à ces assemblées et peut-être les « marchés hebdomadaires » tenus dans la forêt vierge sous l'égide d'une protection de paix spéciale, par les peuplades nègres de l'Afrique centrale (66) ont-ils eu une origine analogue, tout comme les grandes foires des chasseurs arctiques, des Tchouktchis, etc., que l'on fait remonter à la plus haute antiquité.

Tous ces faits impliquent l'existence de rapports pacifiques entre des groupes voisins et l'on constate en effet l'existence de ces rapports presque partout. Ils prirent naissance sans doute à la période primitive, alors que l'on ignorait encore que l'homme pût utiliser son semblable comme « machine à travail ». A cette époque c'est seulement *in dubio* que l'étranger est considéré comme ennemi. S'il se présente dans des intentions évidemment pacifiques on le reçoit de même. Il s'est établi tout un code de cérémonies de droit international dans le but d'établir les intentions inoffensives du nouveau venu. On dépose les armes et montre la main nue, ou encore on envoie des parlementaires dont la personne est partout inviolable * (67).

* Telle est l'origine de la formule du salut employée de nos jours encore dans certaines contrées : « La paix soit avec toi.» Il est caractéristique pour l'aveuglement où est tombé Tolstoï vers la fin de ses jours qu'il ait pris cet indice d'un état de guerre permanent pour le dernier vestige d'un âge d'or de la paix universelle. (*L'importance de la révolution russe*, p. 17.)

Ces formes représentent évidemment une sorte de droit d'hospitalité, et le commerce pacifique n'est possible tout d'abord que grâce à ce droit ; c'est l'échange de cadeaux entre les hôtes qui semble avoir servi de germe au commerce d'échange proprement dit. Pouvons-nous maintenant déterminer les mobiles psychologiques du droit d'hospitalité ?

Westermarck, dans son œuvre monumentale parue récemment : *Origine et développement des idées morales* (68), fait remonter la coutume de l'hospitalité d'abord à la curiosité en quête de nouveautés et espérant en apprendre du voyageur venant de loin, et par-dessus tout à la crainte d'un pouvoir de sorcellerie, redouté chez l'étranger par le fait même qu'il est étranger. Dans la Bible encore nous trouvons l'hospitalité recommandée parce que l'étranger pourrait être un ange. La race superstitieuse craint sa malédiction (les Erynnies des Grecs) et s'empresse pour le disposer favorablement. Est-il reçu comme hôte, sa personne est inviolable et il jouit du privilège de paix du clan dont il est censé faire partie pendant la durée de son séjour : le communisme originaire s'étend jusqu'à lui. L'amphytrion demande et reçoit ce qu'il convoite et donne en échange à son hôte les objets que celui-ci désire. Lorsque les rapports pacifiques deviennent plus fréquents, ces présents réciproques se transforment insensiblement en troc régulier, le marchand revenant volontiers là où il a trouvé bonne réception et échanges avantageux et où il possède déjà le droit d'hospitalité qu'il lui faudrait d'abord acquérir ailleurs, parfois au péril de sa vie *.

La condition préalable indispensable à l'établissement d'un commerce régulier est naturellement l'existence d'une division du travail internationale. Cette division a existé elle aussi beaucoup plus tôt et avec une extension beaucoup plus considérable qu'on n'est généralement enclin à le croire. « Il est erroné de supposer que la division du travail ait eu lieu seulement à un degré élevé du développement économique. L'Afrique centrale a ses villages de forgerons dont certains mêmes ne préparent que les javelots. La Nouvelle-Guinée a ses villages de potiers, l'Amérique du Nord ses fabricants de pointes de flèches (69). » De ces spécialités un commerce se développe, soit par l'intermédiaire des marchands ambulants, soit par les cadeaux d'hospitalité ou les présents de paix de peuple à peuple. Dans l'Amérique du Nord les Kaddous font le commerce des arcs ; « la

---

* De là sans doute la coutume d'employer de vieilles femmes comme hérauts. Elles ont le double avantage d'être inoffensives au point de vue guerrier et de jouir d'une réputation de sorcellerie particulière (Westermarck, ch. I), plus encore que les vieillards qui d'ailleurs, sont traités aussi avec égards parce qu'ils seront bientôt des « esprits ».

pierre obsidienne était employée partout pour les pointes des flèches et les couteaux : sur les bords du Yellowstone, du Snake-Rive au Nouveau Mexique et notamment à Mexico. Puis la matière précieuse se trouva répandue sur toute la contrée jusqu'à Ohio et Tennessee : une distance d'environ 3.000 kilomètres » (70).

Vierkandt rapporte également : « La nature domestique de l'économie des peuples primitifs implique une forme de commerce différant entièrement des conditions modernes... Chaque tribu a développé certaines dextérités particulières qui donnent lieu à des échanges. Nous trouvons des spécialisations de cette nature jusque dans les tribus indiennes relativement inférieures de l'Amérique du Sud... Il arrive grâce à ce genre de commerce que les produits se trouvent répandus à une distance considérable non pas directement par des marchands de profession mais par la propagation graduelle d'une tribu à l'autre. L'origine de ce commerce remonte, comme l'a établi Bücher, à l'échange de présents d'hospitalité (71). »

En dehors des présents d'hospitalité, le commerce peut naître encore de l'usage des cadeaux de paix que se font les adversaires en gage de réconciliation après un combat. Sartorius dit par exemple, parlant des peuplades polynésiennes : « Les présents de paix échangés après une rencontre hostile entre les peuplades de différentes îles étaient souvent des objets nouveaux pour chacune des parties ; lorsque ces présents plaisaient, on les répétait, arrivant ainsi insensiblement à l'échange de marchandises. Et de plus, ce qui n'était pas le cas pour les présents d'hospitalité, cet échange pouvait devenir la base de rapports permanents. Ce ne sont plus des individus mais des tribus, des peuplades entières, qui entrent en relations. Les femmes furent généralement le premier objet d'échange : elles représentent le trait d'union entre les différentes tribus et, ainsi qu'il ressort de nombreuses sources d'information, elles étaient généralement troquées contre des bestiaux (72). »

Nous nous trouvons ici en présence d'un objet dont l'échange est possible même sans division de travail préalable. Il semble que l'*échange de femmes* ait fréquemment aplani le chemin menant à l'échange de marchandises, qu'il ait marqué le premier pas vers cette intégration pacifique des peuples qui va de front avec l'intégration guerrière accomplie par la formation de l'Etat.

Lippert (73) est d'avis que l'*échange du feu* est plus ancien encore. Mais comme il ne peut inférer l'existence de cette coutume, sûrement fort ancienne, que des rudiments des religions et du droit, inaccessibles à notre observation directe, nous passerons sur la question.

L'échange de femmes par contre est un fait observé partout et qui, en préparant l'échange de marchandises, a eu indubitablement une influence considérable sur l'organisation des rapports pacifiques entre les tribus. La fable des Sabines se jetant entre leurs frères et leurs maris prêts à combattre a dû se réaliser mille fois au cours de l'évolution du genre humain. Presque partout, pour des raisons que nous ne pouvons développer ici (74), le mariage entre parents est considéré comme un sacrilège, comme inceste : partout l'instinct sexuel est dirigé vers les femmes des tribus voisines, partout le rapt de femmes rentre dans la rubrique des relations courantes entre les tribus ; et lorsque de forts sentiments de race ne s'y opposent pas, le rapt est peu à peu remplacé presque partout par l'échange et l'achat. Au point de vue sexuel, la proche parente en effet a pour l'homme une valeur aussi minime que la valeur de l'étrangère est plus élevée.

Les relations nouées ainsi favorisent l'échange de marchandises aussitôt que la division du travail le rend possible : les groupes exogames entrent en relations d'un caractère normalement pacifique. La paix embrassant la horde familiale s'étend désormais sur un plus vaste rayon. Citons un exemple entre mille : « Chacune des tribus du Cameron a ses « bush countries », des villages avec lesquels ses membres trafiquent et où ils prennent leurs femmes. L'exogamie devient, ici aussi un lien entre les peuples » (75).

Tel est dans ses grandes lignes le développement des relations pacifiques d'échange : du droit d'hospitalité et de l'échange de femmes, peut-être même de l'échange du feu à l'échange de marchandises. Si nous ajoutons que les marchés, les foires et souvent même les marchands, ainsi que nous l'avons noté plus haut, étaient considérés généralement comme placés sous la garde d'une divinité protégeant jalousement la paix, nous aurons tracé les traits principaux de ce phénomène sociologique d'une importance considérable jusqu'au moment où le moyen politique intervient, transformant, bouleversant et développant les créations du moyen économique.

b) Le commerce et l'Etat Primitif

Le brigand guerrier a deux raisons majeures pour ménager les marchés et foires qu'il trouve sur le territoire conquis. L'une, non-économique, est qu'il ressent lui aussi la crainte d'une divinité vengeresse punissant la violation de la paix ; la seconde raison, économique et probablement plus puissante que la première, est — je crois noter ici ce rapport pour la première fois — qu'il ne peut lui-même se passer de marchés.

Son butin pendant la période primitive comprend de nombreux biens impropres à la consommation et à l'usage immédiats. Il possède des objets de sortes peu variées et en si grande quantité que l' « utilité finale » de chaque objet est pour lui excessivement minime. Il en est ainsi surtout pour le produit le plus important du moyen politique, les esclaves. Pour parler d'abord du pasteur, le nombre d'esclaves qu'il peut garder est limité par le plus ou moins d'importance de ses troupeaux. Il est donc tout disposé à échanger ses esclaves superflus contre d'autres biens précieux pour lui : sel, parures, armes, métaux, tissus, instruments, etc. Aussi le pasteur n'est-il pas seulement « toujours brigand », il est aussi « toujours marchand » et en cette qualité protège le trafic.

Il protège le trafic qui vient à lui, lui offrant en échange de son butin les produits d'une civilisation étrangère : de tous temps les nomades ont servi de guides aux caravanes traversant leurs steppes ou leurs déserts moyennant paiement d'un « tribut de protection » ; et il protège de même le trafic dans les places occupées antérieurement à la formation de l'Etat. Les mêmes considérations qui firent progresser le pasteur de l'Etat-Ours à l'Etat-Apiculteur l'ont évidemment engagé

à préserver les anciens marchés et foires. Un
pillage unique équivaudrait à tuer la poule aux
œufs d'or ; il est infiniment plus avantageux de
conserver le marché, d'affermir même sa paix
afin de récolter ainsi, outre l'avantage de pouvoir
échanger le butin contre des produits étrangers,
le tribut de protection, le droit du seigneur. Pour
cette raison les princes de l'Etat Féodal ont partout mis sous leur protection, sous la « paix du
roi », marchés, routes et marchands et souvent
même se sont réservés le monopole du commerce
étranger. Nous les voyons partout s'efforcer activement de fonder de nouveaux marchés, de nouvelles villes.

Cet intérêt pour les places de commerce nous
fait comprendre pourquoi les tribus pastorales
ont toujours respecté les marchés se trouvant sur
leur territoire d'influence, allant même jusqu'à leur
épargner toute manifestation du moyen politique
en s'abstenant de les mettre sous leur « domination » directe. Ce que Hérodote raconte plein d'éton-
nement du marché sacré des Argippes situé dans
la contrée des Scythes nomades, et dont les habitants inoffensifs étaient protégés efficacement par
la paix sacrée de leurs places de marché, est non
seulement vraisemblable mais encore est con-
firmé par maint fait analogue. « Nul ne les attaque car ils passent pour sacrés : ils ne possèdent
aucune arme guerrière, néanmoins ce sont eux

qui apaisent les querelles entre voisins et il n'est fait aucun mal au fugitif réfugié parmi eux »(76). Le cas se répète fréquemment. C'est toujours la même histoire des Argippes, l'histoire de la petite tribu « sacrée », « juste », « sans armes », trafiquant et apaisant les querelles, établie au sein d'une population nomade de pillards (77). A un degré de civilisation plus développé nous pouvons citer comme exemple Cures dont les habitants d'après Strabon « étaient renommés chez les Hellènes pour leur bravoure et leur justice, et parce que, malgré leur puissance, ils s'abstenaient de brigandages ». Mommsen qui cite le passage ajoute : « Il ne s'agit pas ici de piraterie que le marchand curien exerce sans doute tout comme un autre, mais Cures était une sorte de port franc pour les Phéniciens comme pour les Grecs » (78).

Cures n'est pas, comme la ville des Agrippes, un marché de l'intérieur sur un territoire dominé par les pasteurs, c'est un port neutre sur le territoire de nomades maritimes. Nous sommes ici en présence d'une de ces formations typiques dont l'importance, à mon avis, n'a pas été jusqu'ici appréciée à sa juste valeur. Elles semblent avoir exercé une puissante influence sur la formation des Etats Maritimes.

Les motifs qui conduisirent les pasteurs au commerce et sinon à la fondation de marchés, du moins à leur protection, ont dû imposer plus impérieusement encore aux nomades de la mer une attitude analogue. Le transport du butin et en particulier des troupeaux et des esclaves, pénible et dangereux sur les sentiers du désert et de la steppe (dangereux par la lenteur des marches qui favorise les poursuites) est aisé et sans périls avec la barque de guerre et la galère. C'est pourquoi le Viking, plus encore que le pasteur, est trafiquant et fréquente assidûment les marchés.

« Guerre, commerce et piraterie forment une trinité inséparable » comme il est écrit dans Faust.

c) La formation de l'Etat Maritime

On peut, je crois, ramener au trafic des prises la formation de ces villes autour desquelles se développèrent, véritables cités-mères politiques, les Etats Urbains de l'histoire ancienne, de la civilisation méditerranéenne. Ce même trafic contribua également, dans beaucoup de cas, à les amener au même but du développement politique.

On peut en général ramener à deux types la formation de ces ports marchands : ils se développèrent soit comme repaire de pirates par l'occupation hostile sur une côte étrangère, soit comme colonies de marchands, admis par un con-

trat pacifique dans les ports étrangers appartenant à des Etats Féodaux Primitifs ou Développés.

Nous trouvons dans l'histoire ancienne quantité
d'exemples importants du premier type lequel
correspond exactement à la quatrième période de
notre schéma : l'occupation par une colonie de
pirates d'un point du territoire étranger situé
avantageusement pour le commerce, ou encore
facile à défendre au point de vue stratégique. Le
plus célèbre est Carthage.

Quantité de forteresses maritimes analogues
furent établies par les pirates Hellènes, Ioniens,
Doriens, Achéens, sur les côtes Adriatique et
Tyrrhénéenne du sud de l'Italie, sur les îles de
ces mers et les golfes de la France méridionale.
Les Phéniciens, les Etrusques*, les Hellènes et
aussi les Cariens comme semblent établir les plus
récentes investigations, ont fondé leurs Etats de
la Méditerranée selon le même type et avec une
division sociale identique entre seigneurs et laboureurs indigènes serfs (79).

Quelques-uns de ces Etats du littoral devinrent
des Etats Féodaux présentant exactement les
.mêmes caractères que les Etats Territoriaux : la

---

* On ignore encore de nos jours si les Etrusques furent un
peuple belliqueux installé en Italie et ayant embrassé la piraterie ou s'ils se sont établis à l'origine comme pirates dans
leurs possessions situées sur la mer portant leur nom.

classe des seigneurs se transforma en aristocratie de propriétaires fonciers. Les conditions géographiques_ telles que le défaut de ports sûrs, un vaste hinterland peuplé de paysans pacifiques jouèrent dans ces cas un rôle important; et probablement aussi l'organisation de classe importée du pays natal. C'étaient en général des nobles fugitifs, des vaincus de luttes intestines, des cadets de famille, parfois tout un « printemps sacré » qui s'embarquaient en quête d'aventures. Elevés chez eux en gentilshommes ils cherchaient aussi en pays étranger « de la terre et des hommes ». Nous trouvons parmi les expéditions de ce genre l'occupation de l'Angleterre par les Anglo-Saxons, celle de l'Italie méridionale par les Normands et aussi la colonisation hispano-portugaise du Mexique et de l'Amérique du Sud. Les colonies achéennes de la Grèce nous fournissent d'autres exemples très importants de cette fondation d'États Territoriaux par les nomades de la mer : « Cette ligue de cités achéennes fut une véritable colonisation. Les villes n'avaient pas de port — seule Crotone possédait une rade passable — et pas de commerce propre. Les habitants de Sybaris se vantaient de pouvoir naître, vivre et mourir entre les ponts de leur ville de lagunes, les Milésiens et les Etrusques se chargeant pour eux des ventes et des achats. Les Grecs par contre, non seulement possédaient le littoral mais encore régnaient d'une mer à l'autre...; la population indigène agricole réduite à la condition de clients et parfois même entièrement asservis devait travailler pour eux et leur payer l'impôt. (80) » La plupart des colonies doriennes de la Crète furent sans doute organisées de façon analogue.

Que ces Etats Territoriaux aient été d'ailleurs plus ou moins nombreux ou plus ou moins rares, leur influence sur le cours de l'histoire universelle reste inférieure à celle de ces villes maritimes qui se livrèrent surtout au commerce et à la course. Mommsen compare de façon très heureuse aux hoberaux achéens les « marchands royaux » des autres colonies hellènes de l'Italie méridionale : « Ils ne dédaignaient en aucune façon l'agriculture et les profits du sol, ce n'était pas la coutume des Hellènes de se contenter d'établir un comptoir fortifié en pays barbare comme le faisaient les Phéniciens. Mais ces villes étaient fondées d'abord et avant tout en vue du commerce et, différant en cela des cités achéennes, elles étaient généralement établies sur les meilleurs ports et lieux d'atterrissement. (81) » Tout nous porte à croire — le fait est même certain en ce qui concerne les colonies ioniennes — que les fondateurs de villes ont été ici, non pas des nobles, mais des marchands rompus à la navigation.

Un certain nombre de ces États et villes maritimes ne se sont pas développés seulement par la conquête mais aussi à la suite de relations paisibles au moyen d'une pénétration plus ou moins pacifique.

Là où les Vikings se heurtèrent non à des paysans inoffensifs mais à des Etats Féodaux primitifs de caractère belliqueux, ils offrirent et acceptèrent la paix et s'établirent en simples colonies de marchands.

De tels cas nous sont connus de l'histoire du monde entier dans les ports de mer comme dans les marchés territoriaux. Les formations qui nous sont le plus familières sont les établissements des marchands du nord de l'Allemagne, dans les territoires de la Mer du Nord et de la Baltique : le Steel Yard à Londres, la Hansa en Suède et en Norvège, à Schonen et Novgorod en Russie. Une colonie analogue existait à Vilna, la capitale des Grands Ducs de Lithuanie et la Fondaco dei Tedeschi à Venise rentre également dans cette catégorie. Presque partout les étrangers sont installés à part formant des groupes distincts, ont leur droit et leur juridiction propres et acquièrent très souvent une influence politique considérable allant parfois jusqu'à la domination entière. On croit lire une description de l'invasion phénicienne ou hellène des terres méditerranéennes plusieurs siècles avant notre ère en parcourant les lignes suivantes de Ratzel parlant du littoral et des côtes de l'Océan Indien : « Des populations entières, en particulier les inévitables Malais originaires de Sumatra, proverbialement adroits et zélés, ont été dispersées par le commerce. Les Bougi des Iles Célèbes, aussi habiles que perfides, sont répandus partout depuis Singapour jusqu'à la Nouvelle-Guinée et ont récemment émigré en masse à Bornéo sur l'invitation des princes indigènes. Leur influence est si considérable qu'il leur est permis de se gouverner eux-mêmes d'après leurs propres lois, et ils se sentent si puissants qu'ils ont souvent tenté de se rendre tout à fait indépendants. Les Atchinois occupaient autrefois une position analogue. Après la déchéance de Malacca que les Malais de Sumatra avaient élevée au rang de centre commercial de premier ordre, Atjeh fut vers le commencement du xviie siècle la rade la plus fréquentée de l'Extrême-Orient. (82) » Quelques exemples pris entre mille nous montrent la propagation générale de cette forme de colonisation. « A Ourga où ils ont le pouvoir politique, les marchands vivent à part dans une ville chinoise. (83) » Dans les États israélites se trouvaient « de petites colonies de marchands et artisans étrangers auxquels on réservait certains quartiers des villes ; là, placés sous la protection du roi, ils pouvaient vivre en paix et suivre leurs coutumes religieuses ». Voir *Rois*, I, 20, 34 (84). « Omri roi d'Israël de la tribu d'Éphraïm, à la suite des succès de son adversaire le roi de Damas, se vit contraint d'abandonner aux marchands araméens certains quartiers de la ville de Samarie où ils purent trafiquer sous la protection royale. Lorsque plus tard la fortune de la guerre favorisa son successeur Achab, celui-ci exigea du roi Araméen les mêmes privilèges pour les marchands éphraïmites à Damas. (85) » « Les Italiques s'installaient partout en groupes distincts et fortèment organisés, les soldats en légions, les marchands de chaque grande ville en sociétés particulières, les citoyens romains domiciliés ou séjournant dans les divers districts provinciaux en « cercles » (conventus civium Romanorum) ayant leur liste de jurés et même jusqu'à un certain point leur constitution municipale propre. (86) » Nous mentionnerons encore pour mémoire les ghetti des Juifs qui, avant les grandes persécutions du moyen âge, étaient simplement des colonies marchandes particulières. Nous noterons aussi à ce propos que de nos jours encore les négociants européens résidant dans les ports de puissants empires exotiques forment des « conventus » analogues, possédant leur propre administration et leur juridiction consulaire. Aujourd'hui encore la Chine doit tolérer chez elle cet état de choses, de même que la Turquie, le Maroc, etc., et le Japon n'a secoué que depuis peu cette « diminutio capitis ».

Ce qui, dans toutes ces colonies, présente le plus d'intérêt pour notre étude est le fait qu'elles tendent partout à étendre leur influence politique jusqu'à la pleine domination. Cela ne présente en soi rien de surprenant. Les marchands possèdent une richesse en biens mobiliers qui les met à même de tenir un rôle décisif dans les troubles politiques auxquels les Etats Féodaux sont sans cesse en proie, soit dans les guerres entre deux Etats voisins, soit dans les guerres civiles, dans les querelles de succession. Ajoutons à cela que derrière les colons il y a généralement les forces de la Mère-Patrie sur laquelle ils comptent se sentant étroitement liés à elles par les attaches de famille et de puissants intérêts commerciaux. Ils ont en outre dans leurs équipages disciplinés et leurs nombreux esclaves une force indépendante dont l'importance n'est parfois pas à dédaigner. La description suivante du rôle joué par les marchands arabes dans l'Afrique orientale me paraît représenter un type historique dont on a trop peu tenu compte jusqu'à présent :

« Lorsqu'en 1857, Speke parcourut ce pays pour la première fois, les Arabes y résidaient à titre de marchands étrangers ; lorsqu'il revint en 1861 ils étaient devenus en apparence de grands seigneurs, possédaient de riches territoires et étaient en guerre avec le souverain héréditaire du pays. Ce processus, qui s'est répété sur maint autre point de l'Afrique Centrale, est le résultat inévitable des conditions existantes. Les marchands étrangers, Arabes et Souahélis, demandent et paient d'un tribut l'autorisation de passage, fondent des dépôts de marchandises fort goûtés des chefs dont ils semblent favoriser l'instinct d'extorsion et la vanité. Ces marchands s'enrichissent, nouent des relations nombreuses, deviennent suspects, sont opprimés et persécutés, et se refusent enfin à payer l'impôt qui a augmenté avec leur fortune. Finalement dans l'une des inévitables querelles de succession les Arabes prennent parti pour un prétendant promettant d'être docile, sont entraînés ainsi dans les divisions intérieures du pays et impliqués dans des guerres souvent interminables. (87) »

Cette action politique des métèques marchands se répète à l'infini. « A Bornéo des empires indépendants ont surgi des établissements de chercheurs d'or chinois. (88) » L'histoire entière de la colonisation européenne n'est qu'une suite ininterrompue de ces faits confirmant la loi qui — là où les puissances étrangères sont supérieures en force — transforme en domination effective les établissements commerciaux importants. Il n'en est autrement que lorsque ces établissements se rapprochent plutôt des entreprises de piraterie pure et simple comme par exemple la conquista hispano-portugaise et les conquêtes des Compa-

gnies des Indes, tant anglaise que hollandaise.
« Un Etat de brigands repose au bord de la mer,
entre l'Escaut et le Rhin », dit Multatuli de sa
patrie. Toutes les colonies des peuples européens,
qu'elles soient situées en Extrême-Orient, en Amérique ou en Afrique, se sont formées d'après un
de ces deux types.

La domination complète n'est pas toujours at-
teinte. Parfois l'Etat hospitalier est trop fort et
les colons demeurent alors en qualité d'hôtes
protégés, sans aucune influence politique, comme
les Allemands en Angleterre. Parfois un conquérant plus puissant fond sur la colonie marchande
et l'Etat hospitalier et les subjugue tous deux :
les Russes détruisirent ainsi les républiques de
Novgorod et de Pskof. Le plus souvent pourtant,
les riches étrangers fusionnent avec les nobles
indigènes pour former une classe dominatrice
selon le type que nous avons observé dans la
fondation d'Etats Territoriaux, à la suite du heurt
de deux groupes dominateurs de force à peu près
égale. Ce dernier cas me semble fournir l'hypothèse la plus vraisemblable pour la genèse des
plus importants Etats Urbains de l'Antiquité, pour
les ports grecs et pour Rome.

Nous ne connaissons l'histoire grecque qu'à
partir de son moyen âge — pour employer l'expression de Curt Breysig — et l'histoire romaine
à partir de son « époque moderne » seulement.

Pour tout ce qui s'est passé aux temps antérieurs ce n'est qu'avec la plus grande circonspection que nous pouvons nous risquer à tirer des conclusions par analogie. Il existe néanmoins assez de faits probants pour nous justifier dans notre conclusion que Athènes, Corinthe, Mycènes, Rome, etc, ont dû devenir Etats de la manière décrite plus haut, et les faits relatés dans toutes les histoires et confirmés par l'ethnologie sont assez universellement acceptés pour justifier cette déduction.

Nous savons par les noms de pays (Salamis — île de la paix, île de marché), les noms de héros, les monuments et aussi par la tradition qu'il existait dans un grand nombre de ports grecs des factoreries phéniciennes dont l'Hinterland était occupé par de petits Etats Féodaux possédant l'organisation hiérarchique caractéristique en nobles, hommes libres et esclaves. Qu'il soit vrai ou non que quelques phéniciens, peut-être quelques uns de ces assez énigmatiques marchands cariens, aient été reçus dans le « connubium » des nobles du pays et soient devenus des citoyens ayant tous droits civils et politiques, et parfois même des souverains — la formation de ces Etats n'en a pas moins été favorisée puissamment par ces influences étrangères.

Il en est de même à Rome. Voyons ce que dit à ce sujet un auteur aussi circonspect que Mommsen :

« Rome doit, sinon sa fondation, du moins son importance à ces conditions commerciales et stratégiques comme le démontrent de nombreux indices autrement importants que les suppositions de fables soi-disant historiques. De là proviennent les antiques rapports avec Cures, qui était pour les Etruriens ce que fut Rome pour les Latins et qui devint la plus proche alliée commerciale de cette dernière cité. De là l'importance prodigieuse donnée aux ponts du Tibre et à la construction de ponts en général ; de là la galère dans les armes de la ville ; de là l'antique droit de port romain, véritable impôt sur le commerce, auquel n'étaient soumises à l'origine que les marchandises entrant dans le port d'Ostie pour être vendues (promercale) pendant que tout ce qui était destiné à l'usage du consignataire (usuarium) restait indemne. De là enfin, si nous anticipons un peu, l'introduction relativement hâtive à Rome de l'or monnayé et des conventions de commerce avec les Etats d'Outre-Mer. Dans ce sens sans contredit Rome peut être considérée, comme le prétend la fable, comme une ville « créée » plutôt que « fondée » et serait ainsi la plus jeune et non la plus ancienne des villes latines. (89) »

Ce serait la matière des recherches historiques les plus intéressantes que de vérifier les possibilités ou mieux les probabilités suggérées ici et d'en tirer les conclusions si nécessaires touchant l'histoire constitutionnelle de ces importants Etats Urbains. Il me semble qu'il serait possible d'arriver de cette manière à l'élucidation de maint point de l'histoire demeuré obscur : par exemple la domination étrusque à Rome, l'existence des métèques athéniens, l'origine des riches familles plébéiennes et tant d'autres encore.

Nous ne pouvons ici que suivre le fil conducteur qui promet de nous guider, à travers le dédale de la tradition historique, vers l'issue désirée.

d) **Nature et Fin de l'Etat Maritime**

Tous ces Etats, quelle que soit leur origine, qu'ils se soient développés de repaires de pirates, de ports fondés sur des terres appartenant à des nomades qui, devenus sédentaires, se transformèrent spontanément en Vikings ou qu'ils se soient formés de colonies de marchands parvenus à la domination ou ayant fusionné avec le groupe dominateur du peuple hospitalier ; tous ces Etats, dis-je, sont d'authentiques Etats au sens sociologique du terme. Ils ne sont que l'organisation du moyen politique, leur forme est la domination, leur substance l'exploitation économique du groupe des sujets par le groupe des maîtres.

Les Etats Maritimes ne se distinguent donc en principe sur aucun point important des Etats fondés par les nomades terriens. Cependant, par suite de circonstances tant extérieures qu'intérieures, ils ont contracté d'autres formes et la psychologie de leurs classes présente des traits différents.

Non que le sentiment de classe soit fondamentalement autre que dans les Etats Territoriaux ! La classe dominatrice a pour le sujet le même profond dédain ; c'est toujours le manant, « l'homme aux ongles en deuil » selon l'expression allemande du moyen âge, l'être qui, même lorsqu'il est né libre, n'est ni fréquentable ni épousable. La théorie de classe des καλοικάγαθοί (bien-nés) ou des patriciens (enfants des ancêtres) ne diffère en rien de celle des gentilhommes, mais les circonstances différentes amènent, ici aussi, des modifications qui du reste sont évidemment toujours conformes à l'intérêt de classe.

Dans un territoire gouverné par des marchands, le vol de grand chemin ne peut être toléré et il est considéré effectivement chez les Hellènes du littoral par exemple comme un crime vulgaire : dans un Etat Territorial, la légende de Thésée n'eût pas contenu la pointe contre les brigands. « La piraterie, par contre, était considérée depuis les temps les plus reculés comme une profession des plus honorables... ce dont nous trouvons d'innombrables exemples dans les œuvres d'Homère. Plus tard encore, Polycrate fonda à Samos un Etat pillard parfaitement organisé. » (Büchsenschutz, *Propriété et industrie dans l'Antiquité grecque*.) Il est également fait mention dans le Corpus Juris d'une loi de Solon dans laquelle l'association de pirates ἐπὶ λείαν οἰχόμενοι est considérée comme société autorisée (Goldschmidt, *Histoire du Droit commercial*) (90).

Abstraction faite de ces futilités que nous ne notons que parce qu'elles jettent une certaine lumière sur l'origine de la superstructure idéologique*, les conditions d'existence des États Maritimes, entièrement différentes de celles régnant dans les États Territoriaux, ont provoqué deux phénomènes d'une importance capitale dans l'histoire du monde : d'abord le développement d'une *constitution démocratique*, avec laquelle est venue au monde cette lutte de Titans entre le sultanat oriental et la liberté civique occidentale, lutte qui résume selon Mommsen l'essence même de l'histoire universelle ; et le développement de *l'exploitation esclavagiste capitaliste*, cause finale de la ruine inexorable de tous ces États.

Considérons d'abord les causes intérieures, les causes socio-psychologiques de ces divergences frappantes entre l'État Territorial et l'État Maritime.

---

* Il est caractéristique pour cet ordre d'idées que la Grande-Bretagne, le seul État Maritime de l'Europe, se refuse encore aujourd'hui à renoncer au droit de prise.

Les Etats sont maintenus par le même principe qui les a créés. La conquête du pays et de ses habitants est la *ratio essendi* de l'Etat Territorial et c'est au moyen de nouvelles conquêtes de nouveaux pays et de leurs habitants qu'il s'étend, qu'il doit s'étendre jusqu'à ce qu'il atteigne soit sa frontière naturelle : montagne, désert ou océan, soit sa frontière sociologique : d'autres Etats qu'il est incapable d'asservir. L'Etat Maritime d'autre part, né de la piraterie et du commerce, doit continuer à étendre son pouvoir au moyen de la piraterie et du commerce. Mais il n'a pas besoin pour cela de dominer dans les règles un territoire étendu. Etabli sur les nouveaux domaines de sa sphère d'intérêt il peut se contenter de chacune des premières périodes du développement de l'Etat jusqu'à la cinquième inclusivement : ce n'est que rarement, que contraint et forcé pour ainsi dire, qu'il passe à la sixième période, à l'intranatioialité et à la fusion complète avec les peuplades subjuguées. Il lui suffit en principe d'écarter les autres nomades de la mer, les autres marchands ; il lui suffit de s'assurer le monopole du brigandage et du commerce, contenant les « sujets » à l'aide de quelques forts, de quelques garnisons. L'Etat Maritime ne tient à dominer véritablement que les lieux de production importants, comme les mines, certains riches terrains particulièrement fertiles, les forêts contenant de

bon bois de construction, les salines, les grandes
pêcheries : l'Etat administre alors lui-même ces
possessions, ou, ce qui revient au même, il les fait
exploiter par ses sujets. Le désir de posséder « de
la terre et des hommes », autrement dit des domaines territoriaux situés au delà des frontières
étroites de l'Etat originaire, ne se développe chez
la classe dirigeante que beaucoup plus tard,
lorsque l'Etat Maritime, par l'absorption d'Etats
Territoriaux asservis, est devenu une sorte de
combinaison de ces deux Etats. Mais même alors,
contrairement à ce qui a lieu dans les Etats Territoriaux, la grande propriété foncière est considérée uniquement comme source de revenus et
l'absentéisme est de règle. Il en fut ainsi à Carthage et à Rome durant la décadence de l'Empire.

Les intérêts de la classe dominante, qui dirige
l'Etat Maritime comme elle dirige toute autre
forme de l'Etat, conformément à ses avantages,
sont tout autres que dans l'Etat Territorial. Pendant que la puissance, c'est-à-dire la possession
de terre et d'hommes, donne au seigneur féodal
la richesse, c'est à sa richesse que le patricien de
la ville maritime doit sa puissance. Le grand propriétaire territorial ne peut dominer son « Etat »
que par le nombre de guerriers qu'il entretient,
et afin d'élever ce nombre jusqu'au maximum
possible, il doit étendre ses possessions autant
qu'il le peut, augmentant les tributs payés par

le paysan asservi. Le patricien au contraire domine grâce à ses richesses mobilières à l'aide desquelles il loue des bras robustes et suborne les consciences vacillantes : et il acquiert ces richesses plus aisément au moyen de la piraterie et du commerce que par la conquête ou l'acquisition de lointaines possessions territoriales. Pour utiliser des propriétés de ce genre il lui faudrait abandonner sa ville, s'installer sur des terres et devenir un « gentilhomme fermier » dans toute l'acception du mot; or dans une société qui n'est encore parvenue ni à la pleine économie monétaire, ni à une division du travail féconde entre la ville et les campagnes, l'exploitation d'une grande propriété de ce genre n'est possible que comme entreprise d'économie naturelle et l'absentéisme est hors de question. Or notre étude ne nous a pas encore mené si loin; nous nous trouvons toujours dans des conditions sociales primitives. Et jamais un noble citadin ne s'avisera d'abandonner sa patrie riche et animée pour aller s'enterrer en plein désert, parmi les barbares, renonçant à tout rôle politique important. Ses intérêts économiques, sociaux et politiques le poussent exclusivement vers le commerce maritime. Le nerf de son existence n'est pas le capital foncier mais le capital mobilier.

Ces mobiles intérieurs de la classe dirigeante font que même les rares villes maritimes aux-

quelles les conditions géographiques de leur hinterland permirent une expansion considérable,
ont toujours pris comme « centre de gravité »,
comme base même de leur existence l'océan et les
terres exploitées au delà des mers plutôt que leur
propre territoire. Les gigantesques possessions
territoriales de Carthage même n'avaient pas à
beaucoup près pour la cité l'importance que présentaient ses intérêts maritimes. Carthage s'empara de la Sicile et de la Corse bien plus dans le but
de léser ses concurrents commerciaux, les Grecs
et les Etrusques, que pour s'assurer la possession
effective de ces contrées ; elle étendit ses frontières vers la Lybie surtout afin de pouvoir maintenir
la paix et lors qu'elle conquit l'Espagne, son premier mobile fut le désir de s'approprier les riches
gisements de métaux précieux. L'histoire de la
Hansa nous offre à ce sujet maint point de comparaison fort intéressant.

La plupart de ces villes maritimes étaient
d'ailleurs bien incapables de soumettre à leur
domination un territoire important : en auraientelles eu le désir du reste les conditions géographiques s'y seraient opposées. A quelques
rares exceptions près, le territoire du Littoral de
la Méditerranée est peu étendu : ce n'est le plus
souvent qu'une étroite bande de terre au flanc de
montagnes escarpées. C'est là une des causes qui
empêcha ces Etats, groupés autour d'un port de

commerce, d'atteindre un degré d'extension considérable selon notre point de vue moderne alors
que de gigantesques empires existèrent de bonne
heure sur les vastes territoires où erre le pasteur.
Il est encore une autre cause pour l'exiguïté originaire de ces États : l'hinterland, les montagnes
et aussi les rares vastes plaines du territoire méditerranéen sont peuplés surtout de tribus belliqueuses et difficiles à soumettre, hordes de chasseurs indomptables, pasteurs guerriers ou Etats
Féodaux Primitifs de la même race conquérante.
C'était le cas partout dans l'intérieur de la Grèce.

L'Etat maritime, même lorsqu'il croît rapidement, demeure donc toujours centralisé, on peut
presque dire « concentré » autour du port de commerce pendant que l'Etat territorial, fortement
décentralisé dès les débuts, se développe longtemps, proportionnellement à son extension, en
une décentralisation de plus en plus parfaite.
Nous verrons plus loin que seule l'infiltration des
organisations administratives et des acquisitions
économiques développées dans l'Etat urbain a pu
lui communiquer la force nécessaire pour atteindre l'organisation gravitant avec sécurité autour
d'un point central, l'organisation qui caractérise
nos grands Etats modernes. Là est la différence
fondamentale entre les deux formes de l'Etat.

La seconde différence, à peine moins importante, est que l'Etat territorial conserve long-

temps l'économie naturelle pendant que l'Etat maritime parvient très rapidement à l'économie monétaire. Ce contraste surgit également des conditions fondamentales différentes de leurs existences respectives.

Dans l'État d'économie naturelle l'argent monnayé est un luxe superflu, si superflu même qu'une économie monétaire déjà développée dépérit aussitôt qu'un cercle quelconque de son territoire retourne à l'échange en nature. Charlemagne avait beau frapper monnaie tant et plus : l'économie du temps rejetait ses pièces d'or et d'argent, car la Neustrie (pour ne pas parler de l'Austrasie), était retombée à l'économie naturelle lors de l'ouragan de l'invasion des Barbares. Et l'économie naturelle, ne possédant aucun système de marchés développé, n'emploie pas l'argent comme mesure de valeur. Les manants paient la taille en denrées que le seigneur et sa suite consomment directement ; les parures, les tissus précieux, les armes et chevaux de prix, le sel, etc., sont troqués contre les esclaves, la cire, les bestiaux, les fourrures et autres produits de l'économie naturelle belliqueuse au moyen de l'échange de marchandises effectué par les colporteurs et marchands.

Au contraire à un certain degré de développement la vie urbaine ne peut se passer de mesure de valeur. L'artisan citadin ne peut continuer indéfiniment à échanger sa production contre celle d'un autre artisan et l'indispensable commerce de détail des denrées alimentaires suffit à rendre indispensable l'usage de monnaies là où chacun doit acheter presque tout ce qu'il consomme. Le commerce proprement dit, non pas le commerce entre marchand et client, mais le commerce entre marchand et marchand peut encore moins se passer de mesure de valeur. Supposons un navigateur amenant dans un port des esclaves qu'il veut échanger contre un chargement de tissus. Il trouve bien un trafiquant en tissus, mais celui-ci veut recevoir en paiement non des esclaves, mais disons du fer, des bestiaux ou des fourrures. Il faudra peut-être effectuer une douzaine d'échanges avant d'atteindre le but désiré. Ceci ne peut être évité que lorsqu'une marchandise existe, qui est toujours également désirée de tous. Dans l'économie naturelle des États territoriaux les chevaux et les bestiaux, dont chacun a besoin en définitive, peuvent très bien prendre cette place; mais il est parfois difficile pour le navigateur de prendre des bestiaux en paiement et ce sont les métaux précieux qui deviennent « argent ».

Le destin ultérieur de l'État maritime ou plutôt de l'*État urbain*, comme nous l'appellerons désormais, se développe de ces deux caractères distinctifs indispensables : la centralisation et l'économie monétaire.

La psychologie même du citadin et plus encore celle de l'habitant d'un port de commerce diffère entièrement de celle du paysan. Son regard est plus libre et s'étend plus loin même s'il pénètre rarement au delà de la surface ; il est plus animé, recevant en un jour plus d'impulsions stimulantes que le paysan n'en reçoit en un an et, habitué à de continuelles nouveautés et innovations, il est toujours « novarum rerum cupidus ». Plus éloigné de la nature et beaucoup moins dépendant d'elle, il ne ressent qu'à un degré beaucoup moindre la crainte des « esprits », et se conforme, par suite, avec moins de respect aux ordonnances de « tabou » imposées par les deux classes supérieures. Enfin vivant en grandes agglomérations il a clairement conscience de la puissance conférée par le nombre et est plus opiniâtre et plus insoumis que le serf des campagnes lequel vit dans un tel isolement qu'il ne peut jamais prendre conscience de sa force en tant que masse ; dans tous les démêlés avec le seigneur le serf a en effet presque constamment le dessous.

Ceci implique déjà un relâchement des rigides conditions de subordination créées par l'Etat féodal primitif. Seuls les Etats territoriaux d'Hellas sont parvenus à maintenir longtemps leurs sujets dans l'ancienne servitude : Sparte ses Ilotes, la Thessalie ses Penestes. Partout ailleurs dans les Etats Urbains nous trouvons de bonne heure la plèbe en ascendant et la classe dominatrice hors d'état d'opposer une résistance sérieuse.

Les conditions économiques tendent également au même résultat. La richesse mobilière n'a pas à beaucoup près la stabilité de la propriété foncière : la mer est capricieuse et les chances de la guerre maritime, de la piraterie, ne le sont pas moins. Le plus riche peut rapidement perdre tout son avoir ; un tour de roue de la fortune et le plus pauvre se trouve au sommet. Dans une organisation basée entièrement sur la richesse, la pauvreté implique la perte du rang et de la classe que la fortune procure. Le riche plébéien mène le peuple au cours des luttes constitutionnelles pour l'égalité des droits, et consacre à cette tâche le meilleur de ses forces. Dès que les patriciens, contraints par la force, ont cédé une fois, leur position devient intenable : la défense légitimiste du droit inné héréditaire est pour toujours impossible du moment où le premier riche plébéien a été admis dans le cercle. Dès lors le mot d'ordre est : « Il ne faut pas avoir deux poids et deux mesures », et au régime aristocratique succède le régime d'abord plutocratique, puis démocratique et finalement ochlocratique, jusqu'à ce qu'une occupation étrangère ou la tyrannie d'un « génie militaire » mette fin à la confusion.

Quant à la cause de cette fin non seulement de l'État mais généralement aussi du peuple, de cette fin qui est à la lettre la mort du peuple, on doit la chercher dans une institution sociale qui se développe fatalement dans tout État urbain fondé sur la piraterie et le commerce maritime dès qu'il est parvenu à l'économie monétaire : *l'économie esclavagiste capitaliste*. L'esclavage, relique de la période féodale primitive, et là d'abord inoffensif comme dans toutes les économies naturelles, se transforme en chancre dévorant détruisant la vie entière de l'État dès qu'il est organisé d'une façon capitaliste, c'est à-dire dès que le travail des esclaves, au lieu d'être utilisé dans une économie féodale naturelle, est exploité pour l'approvisionnement d'un marché payant en argent.

La piraterie, la course, les guerres commerciales procurent au pays d'innombrables esclaves. La puissance d'achat du riche marché permet une exploitation rurale intensive, les propriétaires fonciers du territoire de la ville retirent de leurs possessions des rentes toujours croissantes et cherchent de plus en plus à acquérir avec le produit de ces rentes de nouvelles propriétés. L'homme franc que l'intérêt des grands trafiquants surcharge d'obligations militaires s'endette toujours davantage, tombe au servage, ou encore, réduit à la misère, il se réfugie à la ville. Mais il n'y trouve pas d'amélioration à son sort, bien au contraire. L'oppression des paysans a déjà lésé gravement les artisans et les petits marchands citadins ; le

paysan en effet achetait à la ville tandis que les
grandes exploitations privées, continuellement
grossies par l expropriation des fermiers, couvrent
leur besoin d'objets industriels par la production
de leurs esclaves. Et désormais le mal se propage
de plus en plus. Le reste des industries citadines,
celles qui travaillent pour la ville même, sont à
leur tour de plus en plus accaparées par des entrepreneurs utilisant le labeur à vil prix des esclaves. La classe moyenne s'appauvrit constamment
et une plèbe nécessiteuse et incapable, la canaille
(Lumpen-Proletariat) devient, grâce à la constitution démocratique obtenue de haute lutte, la
véritable puissance souveraine de l'Etat. La ruine
politique et militaire n'est plus désormais qu'une
question de temps ; alors même que l'invasion
étrangère, presque fatale en ces circonstances,
pourrait être évitée, l'Etat périrait néanmoins,
des suites de la dépopulation énorme, de cette
véritable *consomption* des peuples qui anéantit
rapidement toutes ces formes de société. Il m'est
impossible de m'étendre ici sur ce sujet.

Un seul Etat Urbain a pu se maintenir pendant
des siècles et cela uniquement parce que, dernier
vainqueur survivant, il put employer pour combattre la dépopulation la seule arme efficace :
une rénovation constante des classes moyennes des villes et des campagnes au moyen d'une
colonisation agricole extensive sur les territoi-

res enlevés à l'ennemi. Cet Etat, ce fut l'empire romain. Et cet organisme gigantesque même finit par succomber à la « phtisie » nationale de l'économie esclavagiste capitaliste ; mais entre temps il avait créé le premier « Imperium », la première grande puissance centralisée rigidement, soumettant et absorbant tous les Etats territoriaux du littoral méditerranéen et des pays avoisinants ; et il avait érigé pour toujours le modèle classique de l'organisation dominatrice. Rome avait de plus si bien développé l'organisation urbaine et l'économie monétaire que ces institutions ne purent jamais plus disparaître entièrement. Les Etats Territoriaux qui se sont établis après la chute de l'empire romain sur son ancien territoire de domination reçurent ainsi de lui, directement ou indirectement, les impulsions nouvelles destinées à les entraîner bien au delà de la condition de l'Etat féodal primitif.

QUATRIÈME PARTIE

L'Evolution de l'Etat féodal

a) Origines de la grande propriété foncière

Nous revenons maintenant à ce point de notre examen d'où la branche secondaire de l'État urbain se détache de l'Etat féodal primitif; de là nous suivrons désormais la branche principale se dirigeant vers le sommet.

De même que le sort de l'Etat urbain est déterminé par l'agglomération de cette richesse autour de laquelle gravite l'organisation politique, le capital commercial, le sort de l'Etat territorial est déterminé par l'organisation de cette richesse autour de laquelle gravite *son* organisation politique : la propriété foncière.

En suivant la marche de la différentiation économique dans la tribu pastorale nous avons pu nous convaincre que là déjà la loi de l'agglomération autour de noyaux de richesses déjà existants se manifeste activement aussitôt qu'intervient le moyen politique sous la forme de pillage guerrier et surtout avec l'esclavage. La tribu primitive était déjà divisée en nobles et hommes francs : à ces deux classes vient se subordonner comme tiers-état l'esclave dénué de droits politiques.

Cette inégalité des fortunes et des rangs sociaux, transplantée dans l'État primitif, s'accentue fortement avec la sédentarité qui crée la propriété foncière privée. Dès la formation première de l'État primitif de grandes inégalités prennent naissance en raison de la division de la tribu pastorale en puissants princes, propriétaires d'esclaves et de troupeaux, et en hommes francs. Les princes doivent nécessairement occuper plus de terre que ces derniers.

Ceci a lieu d'abord tout naïvement et avec une entière inconscience du fait que les grandes possessions foncières puissent devenir l'instrument d'un puissant accroissement du pouvoir social et des richesses. Il était alors encore au pouvoir des hommes francs d'empêcher la formation de la grande propriété foncière s'ils avaient pu prévoir qu'elle pût être un jour employée contre eux. A la période qui nous occupe, la terre n'a aucune valeur : le but et le prix de la lutte n'est pas la terre pure et simple, mais *la terre cultivée, la terre avec les paysans attachés à la glèbe*, objet et instruments de travail dont la réunion engendre le but du moyen politique : la rente foncière.

Quant à la terre *inculte* dont il existe d'énormes superficies, chacun peut en prendre selon ses besoins, autant qu'il veut ou peut cultiver. L'idée de mesurer à quelqu'un une part déterminée du fonds inépuisable en apparence semble aussi saugrenue que l'idée de répartir des portions de l'atmosphère.

Selon l'usage pastoral les princes de la tribu reçoivent tout d'abord plus de « terre cultivée et de serfs » que n'en ont les simples hommes francs. C'est leur droit princier comme patriarches, comme chefs d'armée, commandant une nombreuse suite militaire composée d'affranchis, de serfs et de protégés (fugitifs, etc.); nous avons là le germe d'une inégalité originaire parfois considérable dans l'étendue des possessions foncières respectives. Et ce n'est pas tout. Les princes ont besoin aussi d'une plus grande quantité de la terre inculte car ils amènent avec eux des serfs, des esclaves qui, ne jouissant pas des droits de la tribu, sont par conséquent, d'après le droit primitif de toute l'humanité, incapables de posséder de la terre. Il leur en faut pourtant pour pouvoir exister, et le maître la prend pour eux, afin de les y établir. Plus le prince nomade était riche et plus le seigneur est puissant.

Par là la richesse d'abord et ensuite le rang social se trouvent consolidés d'une manière infiniment plus stable et plus constante que pendant la période pastorale. Le troupeau le plus considérable peut disparaître : la propriété foncière est indestructible ; les hommes dont le labeur en extrait la rente se reproduisent constamment en nombre suffisant, même après les plus terribles carnages, et la chasse aux esclaves est toujours là pour renouveler le stock de spécimens adultes.

Autour de ces noyaux fixes de richesses les fortunes s'agglomèrent avec une tout autre rapidité qu'auparavant. Si la première occupation fut innocente l'on s'aperçut toutefois très vite que la rente augmente en proportion du nombre d'esclaves transportés sur de nouvelles terres. Dès lors la politique extérieure de l'État Féodal n'a plus pour but unique l'acquisition de « terre et d'hommes » ; elle convoite aussi les hommes seuls, les hommes que l'on emmène comme esclaves pour leur faire cultiver les nouveaux domaines. Lorsque c'est l'État entier qui engage une guerre ou une expédition de pillage, les nobles reçoivent la part du lion dans le partage du butin : très souvent aussi, accompagnés seulement dé leur suite, ils entreprennent de leur chef quelque expédition aventureuse et l'homme franc resté au pays ne reçoit naturellement aucune part des captures. Dès lors la propriété foncière aristocratique s'étend avec une rapidité vertigineuse ; plus le noble possède d'esclaves, plus il reçoit de rente foncière et plus il peut par conséquent entretenir de gens de guerre : valets, manants peu disposés au travail, fugitifs ; et avec leur aide il peut capturer de nouveaux esclaves qu'il établit sur ses domaines où ils contribuent à l'augmentation de ses revenus.

Le cours des événements est absolument le même lorsque existe un pouvoir central auquel revient, d'après la convention universelle des peuples, le droit de disposer des terres incultes. Non seulement l'accaparement des terres est toléré par ce pouvoir, mais encore il a lieu fréquemment avec sa sanction expresse. Tant que le seigneur féodal demeure le vassal soumis de la couronne, il est en effet dans l'intérêt de celle-ci de le rendre aussi fort que possible afin d'augmenter le pouvoir militaire qu'il doit mettre à la disposition du suzerain. Cet état de choses, qui nous est familier dans l'histoire des Etats Féodaux de l'occident, existe également sous des conditions totalement différentes, ainsi que le démontre le fait suivant : « Aux îles Fidji les prestations consistaient principalement en service guerrier : le vainqueur recevait comme butin une part des nouvelles terres avec les habitants réduits en esclavage et acceptait par là implicitement de nouvelles obligations militaires (91). »

Cette accumulation de propriété territoriale toujours plus considérable entre les mains de l'aristocratie conduit maintenant l'Etat Féodal Primitif de degré supérieur au rang d'Etat Féodal Développé possédant une complète hiérarchie féodale.

J'ai décrit ailleurs (92) en détail en me basant sur les données puisées aux sources mêmes, l'enchaînement de faits qui amena cet état de choses en ce qui concerne le territoire allemand, et j'ai indiqué là, à plusieurs reprises, qu'il s'agit d'un processus typique quant à l'ensemble de ses traits principaux. On ne pourrait expliquer autrement le développement au Japon d'un système féodal exactement semblable au nôtre malgré que la populatien appartienne à une race entièrement différente de la race aryenne et possède une base technique d'exploitation tout autre — un puissant argument contre la conception matérialiste de l'histoire poussée à l'extrême — : le Japonais en effet emploie non la charrue mais la houe.

Le but de cette étude n'est pas d'examiner le sort d'un peuple particulier mais de noter les traits caractéristiques et partout identiques d'une évolution typique déterminée par la nature humaine éternellement uniforme. Nous laisserons donc de côté comme trop connus les deux exemples les plus grandioses de l'Etat Féodal Développé, l'Europe occidentale et le Japon, et nous nous attacherons principalement aux cas moins universellement connus donnant, ici aussi, la préférence au matériel ethnographique plutôt qu'aux sources historiques proprement dites.

Ce que nous avons maintenant à décrire c'est la transformation progressive mais radicale de l'organisation politique et sociale de l'Etat Féodal Primitif : *la prépondérance politique tombe du pouvoir central aux mains des seigneurs : l'homme franc décline, et le sujet s'élève.*

b) **Le pouvoir central dans l'Etat Féodal Primitif**

Le patriarche de la tribu pastorale, malgré tout le prestige que lui valent ses fonctions de général et de grand-prêtre, ne possède néanmoins aucun pouvoir despotique, et le roi des petites peuplades devenues sédentaires n'a en général qu'une autorité des plus restreintes. Par contre la première agglomération en une imposante armée de fortes tribus pastorales se produit généralement sous l'impulsion d'un génie militaire et dans des formes despotiques (93). En temps de guerre le « οὐκ ἀγαθὸν πολυκοιρανίη· εἷς κοίρανος ἔστω εἷς βασιλεύς ! » d'Homère est une vérité éprouvée et reconnue par les peuples les plus réfractaires à toute idée d'autorité. Sur le sentier de la guerre le libre chasseur primitif obéit sans réserve au chef qu'il a élu ; les cosaques de l'Ukraine, si jaloux de leur indépendance en temps de paix, accordaient à leur hetman pendant la guerre pleins pouvoirs de vie et de mort. Cette soumission au général est un trait commun à toute psychologie de guerriers véritables.

De même que l'on trouve à la tête des grandes expéditions de nomades des despotes tout puissants, un Attila, un Omar, un Gengis-Khan, un Tamerlan, un Mosilikatse, un Ketchouéyo, de même l'existence d'un fort pouvoir central semble être la règle tout d'abord dans les grands Etats formés par la fusion belliqueuse de plusieurs Etats Féodaux Primitifs. Citons au hasard Sargon, Cyrus, Clovis, Charlemagne, Boleslaw le rouge. Parfois, surtout tant que l'Etat n'a pas atteint ses limites géographiques ou sociologiques, ce pouvoir peut se maintenir intact entre les mains de quelques monarques énergiques dont l'autorité dégénère alors facilement en une « césaromanie », allant jusqu'au plus insensé des despotismes. La Mésopotamie et l'Afrique en particulier nous offrent des exemples caractéristiques de ces derniers cas. Nous ne pouvons nous étendre ici sur les formes de gouvernement de ces Etats, formes qui n'ont eu d'ailleurs qu'une influence insignifiante sur la marche générale des événements. Contentons-nous de constater que le développement de la forme despotique du gouvernement résulte avant tout des deux faits suivants : Quelle position *religieuse* occupe le souverain en dehors de ses fonctions de général ? Possède-t-il ou non le monopole du commerce ?

Le césarisme uni à la papauté tend partout à développer les formes les plus crasses du despotisme pendant que, par la séparation des pouvoirs spirituels et séculiers, leurs représentants respectifs se contiennent et se modèrent mutuellement. Nous trouvons une démonstration caractéristique de ce fait dans les conditions sociales des Etats Malais de l'Insulinde, véritables Etats Maritimes dont la fon lation forme un pendant exact à celle des Etats Maritimes de la Grèce. Le prince y est en général tout aussi impuissant que l'était le roi aux temps reculés de l'histoire attique. Là, comme à Athènes, le pouvoir est exercé par les chefs de district (à Soulou les datto, à Atjeh les panglima). Par contre, partout où « comme à Toba le souverain pour des raisons religieuses occupe la position d'un petit pape, les choses changent de face. Les panglima dépendent alors entièrement du rajah dont ils ne sont que les fonctionnaires (94). » Nous rappellerons encore ici le fait connu que les aristocraties d'Athènes et de Rome, après avoir aboli l'ancienne royauté, conférèrent néanmoins le titre de « roi » à un représentant du pouvoir, dénué de toute autorité effective : les dieux devaient continuer de recevoir leurs sacrifices selon l'usage. Pour la même raison le des-

cendant des anciens rois de la tribu est souvent
maintenu comme dignitaire purement représen-
tatif longtemps après que le pouvoir proprement
dit est passé aux mains d'un chef belliqueux. L'on
trouve ainsi chez les derniers Mérovingiens le
maire du palais carolingien à côté du roi fainéant
de la race de Meroweg, comme au Japon le sho-
gun à côté du Mikado et dans le royaume des
Incas le généralissime aux côtés du Huillcauma
dont le pouvoir est de plus en plus restreint aux
fonctions sacerdotales (95) *.

Outre les fonctions sacerdotales le monopole
de commerce, que le chef de la tribu possède généralement aux périodes primitives, augmente
considérablement son autorité : c'est là une conséquence naturelle du développement décrit
plus haut du commerce pacifique par les cadeaux
d'hospitalité. Salomon possédait, dit-on, un monopole de ce genre (96).

Les chefs des tribus nègres ont aussi en général le monopole commercial (97); de même le
roi des Zoulous (98). Dans les tribus des Galla le
chef reconnu « est aussi le trafiquant de sa tribu;
aucun de ses sujets n'a le droit de faire le com-

---

* Nous trouvons de même auprès du bigot Amenothès IV le
« maire du palais » Haremheb « qui réunit les fonctions supré-
mes militaires et administratives et possède la puissance d'un
véritable régent ». (Schneider, *Culture et mœurs des anciens
Egyptiens*. Leipzig, 1907.)

merce directement avec les étrangers » (99). Chez les Barotzé et les Mabounda le chef est « strictement, d'après la loi, l'unique commerçant du pays » (100).

Ratzel apprécie très justement la portée significative de ces faits : « Le *monopole du commerce* se joint au pouvoir magique pour fortifier l'autorité du chef ; celui-ci seul médiateur du trafic, amasse entre ses mains tous les objets susceptibles d'exciter la convoitise de ses sujets et devient ainsi l'unique dispensateur des biens précieux ; lui seul peut exaucer les désirs les plus ardents de ses sujets. Il y a dans ce système une source de grande puissance (101). »

La royauté peut devenir très puissante en particulier dans les territoires nouvellement conquis lorsque le monopole du commerce vient augmenter encore l'autorité déjà très fortement établie du gouvernement.

Néanmoins nous ne trouvons pas là, dans la règle, d'*absolutisme* monarchique, même dans les cas de *despotisme* les plus inouïs en apparence. Le souverain peut tout à son aise exercer sa rage contre ses sujets, surtout contre la classe inférieure : son autorité n'en est pas moins très entravée par le co-gouvernement aristocratique. Ratzel remarque à ce sujet : « La prétendue cour des princes de l'Afrique et de l'Amérique des temps primitifs est en général aussi leur conseil.

La tyrannie dont nous trouvons les traces chez tous les peuples inférieurs, même lorsque la forme de gouvernement est républicaine, a sa source non dans la force supérieure de l'État ou du chef, mais dans la faiblesse morale de l'individu qui est livré presque sans résistance au pouvoir existant (102). » La forme de gouvernement du royaume des Zoulous est un despotisme limité ; de puissants ministres (indouna), dans d'autres tribus cafres un Conseil qui domine fréquemment peuple et princes, gouvernent à côté du souverain nominal. Pourtant sous le règne de Tchaka il était défendu sous peine de mort de tousser ou d'éternuer en présence du despote et le fait de rester les yeux secs à la mort d'un membre de la maison royale était puni aussi sévèrement (104). Il en est de même des royaumes de l'Afrique Occidentale, le Dahomey et le pays des Achantis, trop célèbres par leur épouvantable organisation sanguinaire. « Malgré la dévastation de vies humaines causée par les guerres, la traite, et les sacrifices humains il n'existe nulle part dans ces États de despotisme absolu... Bowditch fait ressortir la similarité du système en vigueur chez les Achantis avec le système d'administration de la Perse tel que le décrit Hérodote (105). »

Nous le répétons une fois de plus : il faut se garder de placer sur le même niveau le despotisme et l'absolutisme. Dans les États Féodaux de l'Europe Occidentale le souverain possédait de même fréquemment un pouvoir de vie et de mort sur ses sujets, et une autorité illimitée ; et pourtant il était impuissant dès que les « grands » se dressaient contre lui. Tant qu'il ne touche pas à l'organisation de classe il peut librement donner cours à sa cruauté et même, une fois par hasard, sacrifier un des seigneurs ; mais malheur à lui s'il ose s'attaquer aux privilèges économiques de l'aristocratie. On trouve dans les puissants royaumes de l'Est Africain des exemples caractéristiques de cette autorité, d'un côté — légalement — absolument sans bornes, de l'autre — politiquement — étroitement restreinte : « Dans le gouvernement des Ouganda et Ouanyoro le roi domine officiellement toute la contrée, mais ce n'est là qu'une apparence de domination : en réalité le pays est soumis aux principaux chefs du royaume. Sous Mtesas ils incarnaient la résistance du peuple vis à-vis des influences étrangères et Mouanga les craint lorsqu'il désire introduire quelque innovation. Mais bien que le pouvoir royal soit très restreint en réalité il tient un rôle important quant aux cérémonies extérieures. Pour la masse du peuple le souverain est le maître absolu car il dispose librement de l'existence de ses sujets, et c'est seulement dans le cercle restreint des plus hauts courtisans que sa toute-puissance est entravée. (106) »

La même règle s'applique aussi aux peuples de l'Océanie, pour ne pas oublier le dernier des grands cercles formateurs d'Etats : « Nulle part une médiation représentative entre le prince et le peuple ne fait défaut... Le principe aristocratique corrige... le principe patriarcal. Le despotisme aigu provient de la pression des classes et des castes plutôt que de la volonté autoritaire d'un individu. (107) »

c) La désagrégation politique et sociale de l'Etat Féodal Primitif

Nous ne pouvons ici étudier en détail les innombrables nuances que présente à l'examen ethno-historique et juridique la combinaison patriarcale aristocratique (ou plutocratique) de la forme de gouvernement dans l'Etat Féodal Primitif. Elle n'a d'ailleurs qu'une importance minime pour la marche de l'évolution.

Quelque grande que soit à l'origine la puissance du souverain, un destin inexorable la détruit en peu de temps, et cette destruction s'effectue d'autant plus rapidement que cette puissance était plus grande, c'est-à-dire que le territoire de l'Etat Féodal Primitif de degré supérieur était plus étendu.

Grâce à l'occupation et à la colonisation toujours croissantes de terres incultes par de nouveaux esclaves la puissance du seigneur isolé s'accroît constamment, tendant à le rendre plus fort qu'il ne convient au pouvoir central. Mommsen (108) écrit au sujet des Celtes : « Lorsque dans un clan comptant 80.000 hommes en état de porter les armes un seul noble pouvait se présenter à la diète avec une suite de 10.000 hommes, outre les serfs et clients, il est évident que la position de ce seigneur était plutôt celle d'un dynaste indépendant que d'un simple membre du clan. »' Il en est de même du Heiou des Somali, « grand propriétaire foncier qui tient en dépendance sur son domaine des centaines de familles : la comparaison avec nos institutions féodales du Moyen Age s'impose ici involontairement. (109) »

Bien qu'une telle élévation de quelques seigneurs isolés puisse se produire déjà dans l'Etat Féodal Primitif, elle n'atteint son plus haut degré que dans l'Etat de rang supérieur, dans le grand Etat Féodal. Elle est le résultat naturel de l'augmentation du pouvoir que confère à la propriété territoriale la délégation de l'autorité.

A mesure que le territoire de l'Etat s'étend, le pouvoir central est amené à céder une plus grande autorité aux gouverneurs des territoires-frontières les plus exposés aux attaques des ennemis du dehors et aux révoltes intérieures. Ces gouverneurs doivent unir au suprême commandement militaire la charge de premier fonctionnaire civil afin de pouvoir maintenir leur district sous la domination de l'Etat. Ils peuvent n'avoir besoin que d'un petit nombre de subordonnés pour le service civil, mais il leur faut toujŏurs une grande force militaire permanente. Comment cette force sera-t-elle soldée ? Seul l'Etat parvenu à l'économie monétaire connaît le système des impôts affluant à une caisse centrale pour être répartis ensuite sur tout le territoire (il existe à cette règle une unique exception dont il sera parlé plus loin). Dans l'Etat Territorial d'économie naturelle, il ne peut être question ni de circulation monétaire ni de contribution en espèces. Le pouvoir central n'a donc d'autres ressources que d'assigner aux comtes, aux margraves ou aux satrapes les revenus de leur district. Ils s'approprient les taxes payées par les sujets, disposent des corvées, reçoivent les droits casuels, les amendes, etc., et doivent en échange entretenir une force armée, tenir une quantité déterminée de troupes à la disposition du pouvoir central, exécuter les constructions de routes et de ponts, donner l'hospitalité au souverain et à sa suite, ainsi qu'aux *missi dominici* et enfin servir à la cour une redevance fixe en objets précieux ou en produits d'un transport facile : chevaux, bestiaux, esclaves, métaux de prix, vin, etc.

En d'autres termes, le grand vassal reçoit un immense fief et devient le seigneur territorial le plus puissant de son district comme il en était généralement déjà le plus important personnage. Il va de soi qu'il agit en cette qualité absolument comme le font ses pairs ne possédant pas de fonctions gouvernementales : il occupe constamment de nouvelles terres sur lesquelles il établit de nouveaux serfs afin d'augmenter de plus en plus sa force militaire, un but que le pouvoir central ne peut qu'approuver et encourager. C'est la fatalité de l'existence de ces États d'être contraints à nourrir eux-mêmes les puissances locales destinées à les dévorer.

Le margrave peut parfois poser des conditions avant d'accorder son aide militaire, par exemple lors des éternelles querelles de succession. Il obtient alors telle importante concession, tout d'abord la reconnaissance formelle de l'hérédité de ses fonctions et de son fief qui est transformé maintenant en véritable fief féodal. Il devient ainsi toujours plus indépendant : le mot mélancolique du moujik « le Ciel est haut et le Tzar est loin » est vrai sous tous les climats.

Nous trouvons en Afrique un exemple analogue : « le royaume des Lounda est un État Féodal dans toute l'acception du mot. Les chefs (Mouata, Mona, Mouene) agissent à leur guise en ce qui concerne les affaires intérieures tant que cela agrée au Mouata-Yamvo. Généralement les chefs plus puissants résidant au loin envoient une fois l'an à Moussoumba leurs caravanes apportant le tribut : mais les grands seigneurs les plus éloignés de la capitale se dispensent pendant de longues périodes de tout paiement pendant que les chefs moins puissants et résidant plus près de la cour doivent envoyer leurs redevances plusieurs fois par an. (110) »

Rien ne peut démontrer plus clairement quel grand rôle politique joue l'éloignement matériel dans ces Etats naturels faiblement coordonnés, et n'ayant qu'un insuffisant système de transport. On pourrait presque dire que l'indépendance des seigneurs féodaux augmente en raison du carré de la distance qui les sépare du siège du pouvoir central. La couronne doit rémunérer leurs services toujours plus chèrement, doit ou leur concéder l'un après l'autre les privilèges de souveraineté, ou tolérer qu'ils s'en emparent : hérédité des fiefs, droits de péage et de commerce (à un plus haut degré aussi le droit de battre monnaie), droit de plaid, droit d'aide, droit d'ost.

Les gouverneurs des provinces frontières parviennent ainsi graduellement à une indépendance de plus en plus complète et finalement à l'entière autonomie : néanmoins le lien officiel de suzeraineté peut continuer longtemps encore à réunir en apparence les principautés de fraîche date.

Les exemples de cette marche typique des événements sont innombrables : l'histoire du Moyen Age en présente une chaîne ininterrompue. Non seulement les royaumes mérovingiens et carolingiens, mais encore plus tard la France, l'Allemagne, l'Italie, l'Espagne, la Pologne, la Bohême, la Hongrie et aussi le Japon et la Chine (111) ont parcouru à plusieurs reprises ce processus de désagrégation. Il en a été de même des Etats Féodaux de la Mésopotamie. Les grandes puissances se désagrègent continuellement pour s'agglomérer de nouveau. A propos de la Perse il est dit en toutes lettres : « Des Etats séparés, des provinces, réussissaient à la suite de soulèvements heureux à conquérir leur indépendance pour une période plus ou moins longue et le Grand Seigneur à Suze n'avait pas toujours le pouvoir de les ramener à l'obéissance ; dans d'autres provinces les satrapes ou les chefs militaires exerçaient un gouvernement despotique, déloyal et arbitraire, soit de leur propre autorité, soit comme princes tributaires ou vice-rois du Grand-Seigneur. Véritable entassement d'Etats et de Territoires sans droit commun, sans administration réglée, sans juridiction en force, sans ordre et sans loi uniforme, l Empire persan marchait fatalement à la débâcle. (112) »

Il n'en était pas autrement de son voisin des Terres du Nil : « les familles d'occupants, les libres seigneurs du sol qui ne payaient tribut qu'au roi deviennent les princes souverains de certains territoires et districts. Ces princes... gouvernent les nomes, véritables départements administratifs, distincts de leurs possessions héréditaires.

« Plus tard les heureuses expéditions guerrières qui remplirent très probablement la période restée inconnue entre l'Ancien et le Nouvel Empire, jointes à l'introduction de prisonniers de guerre que l'on pouvait utiliser comme manœuvres provoqua une plus stricte exploitation des vaincus et une fixation exacte des redevances. Le pouvoir des Princes des nomes grandit de façon considérable pendant le Moyen Empire et des cours princières s'établirent qui rivalisent de faste avec la cour du Pharaon. (113) » « Lors de l'affaiblissement de l'autorité royale pendant la période de décadence les hauts fonctionnaires abusaient égoïstement de leur puissance pour obtenir l'hérédité de leurs charges. (114) »

Il va de soi que cette loi « historique » ne s'applique pas seulement aux peuples « historiques ». « En dehors du Radchistan aussi, dit Ratzel, à propos des Etats Féodaux de l'Inde, les nobles jouissent souvent d'une grande indépendance, si bien que à Haiderabad, après que le Nizam eut usurpé le pouvoir, les Oumara ou Nabad entretenaient des troupes indépendantes de son armée. Ces petits princes se conforment encore moins que les grands aux exigences toujours croissantes de l'administration des Etats Indiens. (115) »

En Afrique enfin les grandes puissances féodales naissent et disparaissent sans cesse, véritables bulles d'air surgissant des flots éternels de la Destinée pour s'évanouir aussitôt. Le puissant royaume des Achanti a été réduit en un siècle et demi à un cinquième de son ancien territoire (116) et nombre des royaumes auxquels se heurtaient jadis les Portugais ont disparu sans laisser de traces. Et pourtant c'étaient aussi de forts empires féodaux. « Les royaumes nègres fastueux et sanguinaires tels que le Benin, le Dahomey ou le royaume des Achanti, avec leur entourage de tribus sans organisation politique offrent maint point de comparaison avec l'ancien Pérou et le Mexique. L'aristocratie héréditaire et exclusive des Mfoumous chargés principalement de l'administration des districts, et auprès d'elle la noblesse fonctionnaire plus éphémère, constituaient à Loango de puissants soutiens de l'autorité souveraine. (117) »

Lorsque le grand royaume originaire s'est désagrégé ainsi en un certain nombre d'Etats secondaires indépendants les uns des autres de fait ou de droit, l'éternel processus recommence. Le plus grand dévore le plus petit jusqu'à ce que se forme un nouvel empire.

« Les plus puissants seigneurs fonciers deviennent plus tard empereurs », dit laconiquement Meitzen à propos de l'Allemagne (118). Mais ces grands domaines des familles régnantes fondent et se volatilisent aussi par suite de la nécessité où sont les princes de céder en fiefs aux vassaux belliqueux la souveraineté du sol. « Les rois eux-mêmes avaient épuisé tout ce qu'ils pouvaient donner ; leurs grandes possessions du Delta avaient fondu comme la neige au soleil », dit Schneider des Pharaons de la VIᵉ dynastie. Et les domaines des Mérovingiens et des Carolingiens disparurent de la même manière dans le royaume des Francs comme en Allemagne ceux des maisons de Saxe et de Souabe (119). Les faits à l'appui sont trop connus pour qu'il soit nécessaire de les citer.

Nous rechercherons plus loin quelles sont les forces qui ont libéré finalement l'Etat Féodal Primitif de l'engrenage de ce cercle magique dans lequel l'agglomération alterne sans fin avec la désagrégation. Nous avons à considérer maintenant, après le côté politique, le côté social de ce phénomène historique qui transforme de la façon la plus décisive l'organisation de classe.

L'homme franc, constituant la couche inférieure du groupe dominateur, est atteint partout avec une violence inouïe. *Il tombe au servage.* Sa déchéance va forcément de pair avec celle du pouvoir central : tous deux également menacés par les empiétements des grands seigneurs territoriaux sont des alliés naturels en face de l'ennemi commun. La royauté ne peut dominer les grands vassaux que tant que le ban des hommes libres se trouvant sur leur district est supérieur en nombre aux hommes d'armes qui composent leur suite. Mais l'implacable nécessité, que nous avons déjà reconnue, force la couronne à livrer les paysans au seigneur en même temps qu'elle augmente sa puissance. Dès que la suite seigneuriale est plus forte que le ban royal, c'en est fait du paysan libre. Lorsque la souveraineté politique a été déléguée au seigneur, c'est-à-dire lorsqu'il est devenu un souverain plus ou moins indépendant, la subjugation de l'homme libre s'accomplit, en partie du moins, sous des formes de légalité apparente : on le ruine par le service militaire requis d'autant plus fréquemment que l'intérêt dynastique du suzerain convoite davantage de nouvelles terres et de nouveaux sujets ; on abuse des droits de corvées, on avilit la justice, etc.

Le coup de grâce est donné enfin à la classe des hommes francs par la délégation formelle ou l'usurpation effective du plus important privilège de la couronne : le droit de disposer des terres non occupées. Celles-ci appartiennent à l'origine au peuple, c'est-à-dire à la communauté des hommes libres : mais d'après un droit primordial universellement respecté le chef de cette communauté,

le patriarche, peut en disposer comme bon lui
semble. Ce droit est transmis maintenant avec
tous les autres privilèges de souveraineté au seigneur territorial et celui-ci a désormais en main
le moyen d'en finir une fois pour toutes avec ce
qu'il reste d'hommes libres. Il proclame comme
sa propriété tout terrain encore disponible, il en
interdit l'occupation aux paysans libres et n'en
permet l'accès qu'à ceux qui reconnaissent son
autorité, c'est-à-dire à ceux qui acceptent d'occuper vis-à-vis de lui une position de dépendance, de servitude.

Le dernier coup est porté maintenant à la liberté rurale. Jusqu'alors l'égalité des fortunes
était garantie jusqu'à un certain point ; le paysan
eût-il douze fils, le bien familial demeurait néanmoins toujours intact, car onze entre eux pouvaient se défricher de nouveaux champs dans les
marches communes ou dans les terres incultes qui
n'avaient pas encore été distribuées aux communautés. Cette ressource n'existe plus désormais.
Les champs sont morcelés là où grandirent de
nombreux enfants ; ils sont réunis par le mariage
des uniques héritiérs. Il y a maintenant des « ouvriers » pour aider à cultiver de grandes superficies agricoles : ce sont les propriétaires de ces
champs si réduits par de nombreux morcellements
qu'ils ne peuvent plus assurer la subsistance de
leurs possesseurs. La libre communauté villageoise

est divisée en riches et pauvres et déjà le lien se détache qui, comme dans la fable, faisait la force du faisceau. Et lorsque enfin les serfs font leur apparition dans la commune, lorsqu'un paysan trop malmené s'est livré au seigneur ou lorsque ce dernier a installé un de ses serviteurs sur un bien devenu vacant par la mort ou l'insolvabilité du propriétaire, toute cohésion sociale disparaît. Le paysan divisé par les différences de classe et de fortune est livré pieds et poings liés à son suzerain.

Les événements ne se passent pas différemment lorsque le magnat ne peut mettre en avant aucun droit de souveraineté politique : dans ce cas la force, l'insolente violation du droit se substituent au droit même et le souverain, lointain et impuissant, dépendant du bon vouloir des usurpateurs, n'a ni le pouvoir ni la possibilité d'intervenir.

En ce qui concerne ces faits également il serait superflu de citer des exemples. En Allemagne, la classe paysanne a parcouru trois fois ce processus d'expropriation et de déclassement. D'abord à l'époque celtique (120); puis l'orage frappa de nouveau les paysans aux ix⁰ et x⁰ siècles et la troisième tragédie du même genre s'est déroulée à partir du xv⁰ siècle dans les anciens territoires slaves de colonisation (121). Le paysan eut le plus à souffrir dans les républiques aristocratiques où

faisait défaut l'autorité monarchique dont la naturelle solidarité d'intérêts avec les sujets pouvait adoucir tout au moins les formes extérieures
de l'oppression. La Gaule celtique au temps de
César nous en fournit un des premiers exemples.
« Là les grandes familles réunissaient dans leurs
mains les pouvoirs économiques, militaires et politiques. Elles affermaient seules en véritables
monopoles les droits lucratifs de l'Etat, tyranni-
saient les hommes francs oppressés par les charges des redevances, les forçaient à emprunter et
à renoncer à leur liberté, d'abord de fait en tant
que débiteurs, puis légalement comme serfs. C'est
chez elles que s'est développé d'abord le système
des suites, le privilège aristocratique de s'entou-
rer d'un nombre d'hommes d'armes salariés, les
« ambactes », formant ainsi un Etat dans l'Etat.
Appuyés sur ces hommes leur appartenant, elles
défiaient les autorités légales et le ban commu-
nal et détruisaient virtuellement la communauté
de l'Etat... Seul le serf trouvait protection auprès de son maître, le devoir et l'intérêt contrai-
gnant ce dernier à venger les torts causés à son
client. L'Etat n'ayant plus assez de force pour protéger les hommes francs ceux-ci se donnèrent de
plus en plus en servage aux puissants. (122) »
Quinze cents ans plus tard nous trouvons exactement les mêmes conditions en Courlande, en Livo-
nie, dans la Poméranie suédoise, le Holstein de

l'Est, le Mecklembourg et surtout en Pologne. Là le paysan est écrasé par le seigneur, ici c'est le Schlachzize — le petit noble — qui succombe. « L'histoire du monde est monotone », dit Ratzel. Dans l'ancienne Egypte le même processus a détruit aussi la classe paysanne : « La période du Moyen Empire, succédant à une époque guerrière, apporta également aux paysans du Sud une aggravation de leur sort. A mesure que les possessions foncières et le pouvoir des hommes libres augmentent leur nombre diminue. Les taxes des paysans sont rigoureusement fixées au moyen d'une exacte estimation des biens, une sorte de cadastre. Sous l'influence de cette pression de nombreux paysans se réfugient vers les domaines et les cités appartenant aux princes des nomes, et entrent dans l'organisme économique des maisons princières comme valets ou artisans, ou même comme fonctionnaires. Ils contribuent ainsi, avec les prisonniers de guerre, à élargir l'administration du domaine princier et accélèrent l'expulsion des paysans de leurs possessions, expulsion qui était probablement d'un usage courant à l'époque. (123) »

Rien ne peut démontrer plus clairement que l'exemple de l'empire romain la nécessité inexorable de ce processus. Lorsque Rome apparaît sur la scène, en pleine « époque moderne », la notion de servitude a entièrement disparu et l'esclavage seul est connu. Quinze cents ans plus tard, après que Rome fut devenue une grande puissance au territoire exagérément étendu et dont les possessions reculées se détachent toujours davantage de la Métropole, les paysans sont retombés au servage. Les grands propriétaires fonciers auxquels sont concédées la juridiction commune et la police « ont réduit les manants, même lorsqu'ils étaient d'origine libre, propriétaire de « ager privatus vectigalis » à une position de vasselage, ont développé avec une parfaite immunité la « glebae adscription » virtuelle. (124) » En Gaule comme dans les autres provinces les Germains n'eurent qu'à adopter toute faite cette organisation féodale. La différence jadis si énorme entre les esclaves et les colons libres s'était entièrement effacée, économiquement d'abord et bientôt aussi dans la juridiction.

A mesure que l'homme franc tombe sous la dépendance politique et économique des seigneurs territoriaux du voisinage et qu'il est réduit au servage la couche sociale jadis asservie s'élève. Les deux classes marchent l'une vers l'autre, se rencontrent à moitié chemin et finissent par fusionner. Ce que nous venons d'observer pour les libres colons et les esclaves laboureurs de la Rome de la décadence se répète partout. Ainsi en Allemagne les hommes libres et les anciens serfs se confondent en une couche sociale économique-

ment et légalement unifiée, celle des « Grundhol-
den » (libres civilement mais tenus de rendre au
seigneur certaines redevances et aides) (125).

L'élévation des anciens « sujets » — nommons-
les d'un terme compréhensif : la plèbe — est aussi
inévitable que la déchéance des hommes libres,
et résulte de la même condition fondamentale, la
base de toute cette organisation d'Etat : l'agglomération de la propriété foncière entre des mains
toujours moins nombreuses.

La plèbe est l'adversaire naturelle du pouvoir
central qui l'a vaincue et qui la taxe, et l'adversaire
des hommes francs qui la méprisent et l'oppri-
ment politiquement et économiquement. Le grand
magnat lui aussi est l'adversaire du pouvoir central car ce dernier représente un obstacle sur son
chemin vers l'indépendance politique; et il est
également l'adversaire des hommes francs, alliés
du pouvoir central qui de plus entravent effectivement par leurs possessions l'extension de sa
souveraineté et froissent son orgueil princier par
leurs prétentions à l'égalité des droits. L'accord
des intérêts politiques et sociaux doit donc réunir
le seigneur et la plèbe. Le seigneur ne peut arriver à l'indépendance entière que lorsqu'il dispose,
dans ses luttes contre la couronne et les hommes
francs, d'une troupe d'hommes d'armes éprouvés
et de contribuables de bonne volonté. La plèbe
ne peut être tirée de sa situation de paria que

lorsque les hommes francs haïs et arrogants ont été abaissés.

C'est la solidarité d'intérêts entre le seigneur et ses sujets que nous rencontrons ici pour la seconde fois dans cette étude. Nous l'avons trouvée pour la première fois faiblement ébauchée durant la seconde période de la fondation de l'État. Cette solidarité porte le demi-prince à traiter ses serfs avec autant de bénévolence qu'il déploie de sévérité envers les hommes francs de son territoire : les premiers combattront pour lui et paieraient la taille d'autant plus docilement, les seconds, malmenés et opprimés, céderont d'autant plus aisément à sa tyrannie, surtout, comme par suite du déclin du pouvoir central leur indépendance souveraine n'est plus que l'ombre d'un mot. Ici et là — le fait s'est produit en Allemagne vers la fin du x° siècle entièrement consciemment — (126) le seigneur exerce une autorité particulièrement bénigne et cherche à attirer à lui les sujets des potentats voisins, autant pour augmenter sa propre puissance militaire et contribuable que pour diminuer celle de ses rivaux. La plèbe obtient ainsi, de fait et de droit, des avantages de plus en plus nombreux, un meilleur droit de propriété, parfois même l'autonomie, le droit de juridiction dans les affaires de la commune. Elle s'élève à mesure que les hommes francs s'abaissent jusqu'à ce que tous deux se rencontrent à mi-chemin et se fondent en une couche sociale à peu près homogène légalement et économiquement. A demi serfs, à demi sujets ils constituent une formation caractéristique de l'Etat Féodal, lequel ne distingue pas encore nettement entre le droit commun et le droit privé : c'est là une conséquence immédiate de son évolution historique qui érigea la domination politique dans le but de soutenir des droits économiques privés.

d) La fusion ethnique

La fusion légale et sociale des hommes libres abaissés et de la plèbe élevée a naturellement comme conséquence la pénétration ethnique. Si d'abord le « commercium et connubium » furent sévèrement déniés aux asservis les obstacles ne purent se maintenir longtemps : au village ce n'est plus le sang bleu, mais la richesse, qui décide de la classe sociale. Souvent sans doute le descendant « pur sang » des guerriers pasteurs doit remplir chez le descendant également « pur sang » des serfs les humbles fonctions de valet de ferme. Le groupe social des sujets est composé maintenant d'une partie de l'ancien groupe ethnique des dominateurs et d'une partie de l'ancien groupe des asservis.

D'une partie seulement de ces derniers ! Le reste a fusionné avec l'autre partie de l'ancien groupe des dominateurs pour former une nouvelle classe sociale homogène. Une partie de la plèbe s'est élevée non seulement jusqu'au niveau auquel s'est abaissé la masse des hommes francs mais encore bien au delà de ce point, et a conquis l'admission complète dans le groupe dominateur aussi augmenté en importance qu'il a diminué en nombre.

Cela aussi est un fait universellement constaté et qui résulte partout inéluctablement des conditions mêmes de l'organisation féodale. Le « primus inter pares » qui occupe la position souveraine, soit comme représentant du pouvoir central, soit comme potentat local, a besoin pour gouverner d'instruments plus dociles que ne le sont ses pairs. Ceux-ci représentent une classe qu'il doit abaisser s'il veut s'élever lui-même et cela il le veut, il doit le vouloir, la poursuite du pouvoir étant ici pure manifestation de l'instinct de conservation. Sur ce chemin les membres de la famille et les nobles arrogants ne peuvent être que des obstacles. Aussi dans toutes les cours, chez le plus puissant potentat comme chez le seigneur de domaines presque entièrement d'ordre privé nous trouvons en qualité de fonctionnaires à côté des membres du groupe dominateur des hommes de descendance obscure. Ceux-ci, sous les dehors

de serviteurs du roi, sont souvent de véritables
« éphores » co-possesseurs du pouvoir souverain
comme représentants de leur groupe. Ainsi les
Indouna à la cour du roi des Bantou. Il n est pas
surprenant que le prince plutôt que d'écouter des
conseillers gênants et exigeants se confie de préférence à des hommes qui sont entièrement ses
créatures, dont le sort est inextricablement lié au
sien, et qui devraient fatalement le suivre dans
sa chute.

Ici aussi il est presque superflu de citer les faits
historiques à l'appui. Chacun sait qu'aux cours
des royaumes féodaux de l'Europe Occidentale,
l'on trouvait à côté des parents du roi et de quelques grands vassaux, des éléments appartenant
au groupe inférieur, hommes d'Église ou habiles
soldats, occupant les plus hautes situations. Il y
avait parmi les « antrusti » de Charlemagne des
représentants de toutes les races et de tous les
peuples de son empire. Cette élévation des fils
intrépides de peuples subjugués se retrouve aussi
dans la légende de Théodoric le Grand. Je cite
encore quelques exemples moins connus :

Dans la terre des Pharaons, dès l'Ancien Empire, à côté de fonctionnaires impériaux recrutés
parmi l'aristocratie féodale issue des pasteurs-con-
quérants, princes des nomes représentants de la
couronne et investis d'un pouvoir quasi-souverain,
il existait un fonctionnarisme de cour qui occu-

pait les différentes charges gouvernementales. Ce fonctionnarisme se recrutait parmi la domesticité des cours princières — prisonniers de guerre, fugitifs, etc. (127). La légende de Joseph nous présente comme un fait familier à cette époque cette élévation d'un esclave au rang de ministre tout puissant et aujourd'hui encore une telle carrière ne présente rien d'absolument fantastique dans les cours orientales, en Perse, en Turquie, au Maroc, etc. A une époque beaucoup plus récente, durant la période de transition entre l'Etat féodal développé et l'organisation parlementaire, l'histoire du vieux Derfflinger nous fournit un exemple auprès duquel on pourrait placer encore la carrière de maint vaillant soldat de fortune.

Citons encore quelques exemples pris chez les peuples « sans histoire ». Ratzel rapporte du royaume des Bornou : « Les hommes libres n'ont pas perdu l'arrogance de leur origine vis-à-vis des esclaves du sheick, mais les souverains se confient plus volontiers à leurs esclaves qu'à leurs parents ou qu'aux membres libres de la tribu. Non seulement les charges de cour mais la défense du territoire même a été de tous temps confiée de préférence aux esclaves. Les frères du prince, de même que les plus ambitieux, les plus énergiques de ses fils, sont regardés avec méfiance : pendant que les charges les plus importantes de la cour sont remplies par les esclaves, les postes éloignés du siège du gouvernement sont réservés aux princes. Les revenus des charges et des provinces défraient les salaires. (128) »

Chez les Fellata « la société se divise en princes, chefs, hommes francs et esclaves. Les esclaves du roi, qui sont soldats et fonctionnaires et peuvent prétendre aux plus hautes situations, jouent un rôle important dans l'Etat (129) ».

Cette noblesse de cour peut en certaines circonstances être admise dans la classe des « leudes impériaux », ce qui lui ouvre la voie décrite plus haut menant à la souveraineté locale. Elle représente alors dans l'Etat Féodal Développé la haute aristocratie et conserve généralement son rang même après avoir été médiatisée à la suite de l'absorption par un voisin plus puissant. La noblesse franque a sûrement contenu de tels éléments provenant du groupe inférieur originaire (130). Et comme l'aristocratie européenne est issue en grande partie de cette souche, directement ou indirectement, nous trouvons la fusion ethnique réalisée de nos jours dans la couche sociale la plus élevée comme dans le groupe inférieur des sujets. Il en fut de même en Egypte : « Lors du déclin de l'autorité royale, pendant la période de décadence, les hauts fonctionnaires emploient leur pouvoir dans un but intéressé afin de rendre leurs charges héréditaires et créer ainsi une noblesse fonctionnaire ne se détachant

pas ethniquement du reste de la population
(131). »

Et finalement le même processus gagne, de
par les mêmes causes, la classe moyenne ac-
tuelle, la couche inférieure du groupe dominateur, les subordonnés et officiers des grands vassaux. Une certaine différence sociale subsiste
quelque temps entre les vassaux libres auxquels le
seigneur a baillé des fiefs — parents, fils cadets de
familles nobles, compagnons appauvris, quelques
fils de paysans libres, réfugiés et spadassins de
descendance non-serve — et les officiers de la
suite, d'origine plébéienne occupant des positions quasi subalternes. Mais le servage s'élève en
même temps que la liberté décline en tant que
valeur sociale, et ici aussi le prince se confie de
préférence à ses créatures plutôt qu'à ses pairs.
Tôt ou tard la fusion complète s'effectue. En Allemagne la noblesse de cour serve se rangeait en 1085
entre « servi et litones », cent ans après elle
est déjà parmi les « liberi et nobiles » (132).
Au cours du XIII° siècle elle se confond entièrement avec les grands vassaux d'origine libre et
s'identifie entièrement à la noblesse de naissance
dont elle est devenue l'égale économiquement.
Toutes deux ont des arrière-fiefs, des bénéfices
impliquant en retour l'aide militaire ; et entre
temps les bénéfices des sujets, des « ministeriaux »
sont aussi devenus héréditaires comme le sont

ceux des vassaux libres et comme le furent toujours les biens familiaux des petits seigneurs territoriaux que l'étreinte de la suzeraineté suprême n'a pas encore écrasés.

Le processus se poursuit de façon identique dans tous les Etats Féodaux de l'Europe occidentale et nous trouvons le pendant de ces conditions à l'extrême-orient du continent eurasien, au Japon. Les daïmio sont la haute noblesse, les leudes ; les samouraï, la chevalerie, la noblesse d'épée.

e) L'Etat Féodal Développé

L'Etat Féodal est parvenu maintenant à son parfait développement. Il forme politiquement et socialement une parfaite hiérarchie dont les nombreuses couches sont reliées les unes aux autres par l'obligation prestative envers la couche immédiatement supérieure et l'obligation de protection envers la couche immédiatement inférieure. La base sur laquelle repose l'édifice, le peuple des travailleurs, est encore composé en majeure partie de paysans : l'excédent de leur labeur, la rente foncière, la totalité de la plus-value produite par le moyen économique pourvoit à la subsistance des classes supérieures. En ce qui concerne la plupart des terrains, ceux qui ne sont pas la propriété directe et franche du seigneur ou du pouvoir central, la rente passe d'abord dans les mains des petits vassaux. Ceux-ci doivent en échange remplir les obligations militaires conformément à leurs conventions et effectuer aussi en certains cas des prestations économiques. Le vassal plus important est tenu aux mêmes obligations envers le grand vassal et celui-ci, officiellement du moins, envers le détenteur du pouvoir central. Et ce dernier, empereur, roi, sultan, schah ou pharaon, est considéré à son tour comme le vassal du dieu ancestral. Ainsi se dresse jusqu'au roi du ciel une hiérarchie artificiellement échelonnée qui étreint si complètement toute la vie de l'Etat que, selon l'usage et le droit, aucune parcelle de terre, aucun être humain ne peut s'y dérober : et le travail du laboureur supporte à lui seul tout l'édifice. Tous les droits créés à l'origine pour les hommes francs sont tombés en désuétude ou ont été transformés radicalement quant à leur nature par la victoire seigneuriale : quiconque n'a pas sa place dans le système féodal est véritablement hors la loi, sans protection et sans droit, c'est-à-dire sans le pouvoir qui seul constitue le droit.

Et ainsi cet axiome qui semble au premier abord émané de l'arrogance aristocratique : « nulle terre sans seigneur » n'a été en réalité que la codification d'une nouvelle condition du droit en vigueur et n'a signifié tout au plus que la disparition de quelques vestiges vieillis et importuns de l'ancien Etat Féodal Primitif entièrement disparu.

Que de déductions les partisans de la théorie raciale considérée comme passe-partout historicophilosophique n'ont-ils pas tirées du prétendu fait que seuls les Germains, en vertu d'aptitudes politiques supérieures, ont été capables de mener à bonnes fins le splendide édifice de l'Etat Féodal Développé ! Cet argument a perdu beaucoup de poids depuis que l'on a dû reconnaître que la race mongole, au Japon, a accompli exactement le même miracle. Seul le nègre peut-être n'y fût pas parvenu, même si l'immixtion de civilisations plus puissantes ne l'avait pas arrêté dans son développement — bien que Ouganda par exemple ne diffère pas très sensiblement du royaume de Charlemagne ou de Boleslaw le Rouge. Il n'y manque que les « valeurs de la tradition » de la civilisation européenne, et ces valeurs ne constituent pas un mérite inhérent à la race indo-germanique, mais furent un pur don qu'elle reçut en dot de la destinée.

Mais laissons là le nègre et ses possibilités. Il y a quelque mille ans le Sémite, que l'on prétend si entièrement dénué de capacités politiques échafauda un système féodal en tous points semblable au nôtre, du moins si nous admettons que les fondateurs de l'empire égyptien aient été des Sémites. Ne croit-on pas lire une chronique du temps des Hohenstauffen en parcourant le passage suivant de Thurnwald (133) : « Quiconque entrait dans la suite d'un grand se plaçait par là sous sa protection comme sous celle d'un chef de famille. Il y a là... des rapports de fidélité rappelant l'institution du vasselage. Cette relation réciproque de protection en échange de fidélité est devenue la base de l'entière organisation sociale en Egypte. Elle règle les relations du seigneur avec ses serviteurs comme celle du Pharaon avec ses fonctionnaires. Sur cette forme repose le groupement des individus sous des maîtres protecteurs communs, une hiérarchie s'étageant jusqu'au sommet de la pyramide sociale, jusqu'au roi qui lui-même est considéré comme le représentant de ses pères, comme le vassal des dieux sur la terre... L'homme qui vit en dehors de ces rouages sociaux, l'homme sans maître (protecteur) est sans moyens de défense et par conséquent sans droit. »

Nous n'avons pas eu besoin jusqu'ici d'avoir recours à l'hypothèse d'aptitudes spéciales inhérentes à une race et nous ne le ferons pas davantage à l'avenir. C'est là en effet, selon l'expression de Spencer, méthode de philosophie historique la plus absurde qu'il soit possible d'imaginer.

Le multiple échelonnement des rangs en une unique pyramide de dépendances réciproques est le premier trait caractéristique de l'Etat Féodal Développé : le second est la fusion en une unique nationalité des groupes ethniques distincts à l'origine.

La conscience de la différence première des *races* est entièrement disparue; rien ne demeure que la différence des *classes*. Désormais nous n'avons plus affaire à des groupes ethniques mais à des classes sociales. L'opposition *sociale* domine seule la vie de l'Etat. Et la conscience de groupe ethnique se transforme par suite en conscience de classe. Son caractère n'en est du reste modifié en rien. La nouvelle classe dirigeante a le même orgueil de race légitimiste qui distinguait l'ancien groupe des maîtres; la nouvelle noblesse d'épée oublie fort vite qu'elle tire son origine du groupe vaincu. Et à l'autre extrémité l'homme libre déclassé comme le noble déchu se réclament du « droit naturel » aussi fermement que le faisaient jadis les asservis.

L'Etat Féodal Développé est resté en principe ce qu'il était dès la deuxième période de la formation primitive de l'Etat. Sa forme est la domination, sa substance l'exploitation politique du moyen économique, exploitation limitée par un droit universel qui impose aux bénéficiaires du moyen politique le devoir de protection et assure aux exploités le droit à la subsistance, au maintien de leur capacité productive. Rien n'est changé dans la nature de la domination : elle n'est que plus diversement graduée ; et il en est de même de l'exploitation ou de ce que la théorie économique désigne par le terme « distribution ».

Tout comme auparavant la politique intérieure de l'Etat se meut dans l'orbite que lui prescrit le parallélogramme des forces, force centrifuge de la lutte de groupe devenue maintenant lutte de classe, et force centripète de l'intérêt commun. Tout comme auparavant sa politique extérieure est déterminée par l'impulsion qui pousse sa classe dirigeante vers la conquête de nouvelles terres et de nouveaux sujets, tendance à l'extension qui n'est encore toujours qu'instinct de conservation.

Avec sa différentiation beaucoup plus parfaite, son intégration beaucoup plus complète, l'Etat Féodal Développé n'est néanmoins pas autre chose que l'Etat Primitif parvenu à maturité.

CINQUIÈME PARTIE

L'Evolution de l'Etat Constitutionnel

Si nous comprenons ici encore par « fins » une
évolution organique, progressive ou régressive, de
l'Etat Féodal Développé, évolution déterminée par
des forces intérieures, et non une fin amenée méca-
niquement et causée par des forces extérieures,
nous pouvons dire que la fin de l'Etat est déterminée uniquement par le développement indépendant des institutions sociales fondées par le
moyen économique.

Des influences analogues peuvent venir aussi
de l'extérieur, d'Etats étrangers possédant un
développement économique plus avancé et par
suite une centralisation plus rigide, une meil-
leure organisation militaire et une plus puissante
force de propulsion. Nous avons déjà mentionné
de tels cas : le développement indépendant des
Etats Féodaux méditerranéens a été arrêté par
leur collision avec les Etats maritimes beaucoup
plus riches et plus rigoureusement centralisés de

Carthage et surtout de Rome. La destruction de l'empire des Perses par Alexandre rentre aussi dans cette catégorie de faits, la Macédoine s'étant déjà assimilé à cette époque les acquisitions économiques des Etats maritimes hellènes. Le meilleur exemple de l'action de ces influences étrangères est le sort du Japon moderne dont l'évolution a été précipitée de façon presque incroyable par l'action militaire et économique de la civilisation occidentale. En une génération à peine il a parcouru la distance séparant l'Etat Féodal Développé de l'Etat constitutionnel moderne entièrement organisé.

Il ne s'agit ici, ce me semble, que d'une abréviation du processus. Autant qu'il est possible d'en juger, — car l'histoire ne nous offre maintenant que peu de données à l'appui et l'ethnographie moins encore, — les forces intérieures, même sans l'intervention de puissantes influences étrangères, doivent inévitablement conduire l'Etat Féodal Développé par le même chemin vers la même fin.

Les créations du moyen économique qui gouvernent cette évolution sont l'organisation urbaine et sa création essentielle, l'économie monétaire, qui refoule peu à peu l'économie naturelle et déplace ainsi l'axe autour duquel se meut toute la vie de l'Etat : le capital foncier cède graduellement la place au capital mobilier.

a) Emancipation de la classe paysanne

Tout ce qui précède résulte nécessairement des conditions fondamentales de l'Etat naturel Féodal. A mesure que la grande propriété foncière se transforme en souveraineté l'économie féodale naturelle disparaît.

En effet tant que la grande propriété foncière est relativement peu étendue il est possible de maintenir le principe primitif de l'apiculteur, laissant au paysan le strict nécessaire ; mais lorsqu'elle s'étend de plus en plus et, ce qui est généralement le cas, qu'elle embrasse des possessions éparpillées sur des territoires éloignés, acquises par les guerres, « commendationes » de petits propriétaires, héritages ou alliances politiques, ce régime devient impossible. Si le propriétaire ne veut pas payer une foule de fonctionnaires subalternes, méthode non seulement coûteuse mais aussi dangereuse politiquement, il n'a qu'une ressource : imposer au paysan une redevance fixe, moitié rente, moitié taxe. La nécessité économique d'une réforme administrative coïncide ainsi avec la nécessité politique de l'élévation de la « plèbe » que nous avons observée déjà.

A mesure que le propriétaire cesse d'être un

sujet économique d'ordre privé pour devenir exclusivement un sujet légal d'ordre public, c'est-à-dire un souverain, la solidarité que nous avons déjà mentionnée s'affirme entre lui et le peuple. Nous avons vu que dès la période de transition menant la grande propriété foncière à la principauté, les magnats isolés avaient le plus grand intérêt à établir un régime bénin, non seulement afin d'élever la plèbe au sentiment patriotique, mais aussi pour faciliter aux hommes francs le passage au servage et dérober aux voisins et rivaux le précieux matériel humain. Ce même intérêt commande urgemment au souverain parvenu à la pleine indépendance de persévérer dans cette voie. Son intérêt politique, lorsqu'il baille des fiefs à ses fonctionnaires et officiers, est avant tout de ne pas leur livrer les sujets pieds et poings liés. Pour les garder sous sa domination il restreint le droit d'aide des chevaliers à des redevances fixes en nature et à des corvées déterminées, et se réserve les autres droits d'ordre politique (droits de péage, etc...). Le fait que le paysan paie désormais tribut à deux maîtres au moins a une importance énorme pour le cours de son élévation ultérieure.

Le paysan dans l'État Féodal Développé ne doit donc plus que des redevances fixes : tout excédant lui appartient en propre. Le caractère de la propriété foncière se trouve bouleversé par là de fond en comble : pendant que jusque-là, la totalité du produit revenait légalement, au maître déduction faite de l'entretien à peine suffisant du cultivateur, le produit appartient maintenant à ce dernier, déduction faite d'une rente fixe à payer au propriétaire. La grande propriété foncière est devenue *seigneurie. C'est le second grand pas accompli par l'humanité vers son but ultime.* Le premier fut la transformation de l'Etat-Ours en Etat-Apiculteur : *il institua l'esclavage que le second supprime.* Le travailleur, jusque-là uniquememt *objet* légal est devenu pour la première fois *sujet* légal. *Le moteur à travail* dépourvu de droits, ne possédant qu'une faible garantie d'existence, la chose de son maître, est maintenant le *sujet* contribuable d'un prince.

Dès lors le moyen économique assuré du succès final va déployer toutes ses forces. Le paysan travaille avec infiniment plus d'énergie et de soin, obtient un *excédent*, et par là est créée la ville au sens strictement économique du mot, la ville industrielle. Le paysan porte ses produits sur le marché — en d'autres termes il exécute une demande de ces biens industriels qu'il ne produit plus lui-même. Travaillant avec une plus grande intensité il n'a plus le temps nécessaire pour produire les différents biens qu'il fabriquait jusque-là avec sa famille. La division du travail entre la production de matières premières et l'industrie devient possible et même nécessaire : le village est principalement le siège de la première, la ville industrielle se fonde comme siège de la seconde.

b) Naissance de la ville industrielle

Que l'on ne se méprenne pas ! Ce n'est pas la ville qui est fondée mais la *ville industrielle*. La véritable ville historique existe depuis longtemps et ne manque dans aucun Etat Féodal Développé. Elle tire son origine soit du moyen politique seul, comme château fort, soit de l'association des moyens politiques et économiques, comme foire, soit du besoin religieux comme territoire d'Eglise[*]. Lorsque de telles villes au sens historique du mot se trouvent dans le voisinage, la ville industrielle se greffe sur elles : autrement elle surgit spontanément comme produit de la division du travail désormais organisée, et se développe le plus souvent à son tour comme château fort et lieu de culte.

[*] « Autour des lieux du culte proprement dit viennent toujours se grouper des demeures pour les prêtres, des écoles et des asiles pour les pèlerins. » (Ratzel, I ch. II.) Tout pèlerinage important devient naturellement le centre d'un marché florissant. Il est à noter qu'en allemand les grandes foires de commerce s'appellent, du nom de la cérémonie religieuse, des « Messen ».

Ce ne sont là toutefois que des additions historiques fortuites. Au sens strict du mot la ville est le siège du moyen économique, du mouvement d'échange entre la production agricole et l'industrie. L'usage même du mot confirme notre assertion : une forteresse, quelque importante qu'elle soit, un amoncellement de temples, de cloîtres, de lieux de pèlerinage, fussent-ils même concevables sans marché, ne peuvent pas encore être appelés des « villes ».

Si l'aspect extérieur de la ville historique a relativement peu changé, sa transformation intérieure est d'autant plus considérable. La ville industrielle est l'antipode et l'adversaire née de l'Etat : *il est le moyen politique, elle est le moyen économique en plein développement.* La grande lutte qui remplit les pages de l'histoire universelle, qui est cette histoire même, se livre désormais entre la ville et l'Etat.

La ville, en tant que corps politique et économique, emploie pour combattre le système féodal des armes politiques et économiques : avec les premières elle arrache, avec les secondes elle dérobe le pouvoir à la classe dominatrice de la féodalité. Ce processus a lieu sur le terrain politique de la manière suivante : la ville, centre de pouvoir indépendant, intervient dans le jeu des forces faisant mouvoir l'Etat féodal ; elle se dresse et s'immisce comme quatrième force entre le pou-

voir central, les seigneurs locaux et les sujets.
En tant que forteresses et domiciles de gens de
guerre, dépôts d'instruments militaires, d'armes,
etc., et plus tard comme centres d'économie monétaire, les villes sont de précieux soutiens et
alliés dans les combats entre le pouvoir central et
les futurs princes souverains de même que dans les
luttes entre ces derniers et elles peuvent, par une
adroite politique, obtenir de précieux privilèges.

Dans ces combats les villes sont généralement
avec le pouvoir central contre les seigneurs féodaux ; pour des raisons sociales d'abord, le noble
refusant de reconnaître au patricien dans les rapports sociaux l'égalité que ce dernier exige au nom
de sa richesse supérieure ; puis pour des raisons politiques, le pouvoir central, grâce à la
solidarité existant entre le prince et le peuple,
considérant l'intérêt commun bien plus que ne le
fait le grand propriétaire foncier, recherchant
uniquement ses intérêts privés ; et enfin pour des
raisons économiques, la prospérité de la ville
étant étroitement liée à la paix et la sécurité pu-
blique. Entre le droit du plus fort et le moyen
économique règne une irrévocable incompatibi-
lité. C'est pourquoi les villes restent en général
attachées au protecteur de la paix et de la légalité : à l'empereur, au souverain. Et lorsque les
milices municipales détruisent et rasent un repaire de brigands ce n'est que le reflet en in-

finiment petit de la gigantesque opposition qui gouverne l'histoire du monde.

Afin de pouvoir remplir avec succès ce rôle historique la ville doit attirer dans ses murs le plus grand nombre possible d'habitants, tendance justifiée aussi par des considérations d'ordre purement économique. Avec le nombre des citoyens augmente la division du travail et aussi la richesse. C'est pourquoi la ville encourage l'immigration de toutes ses forces, démontrant ainsi une fois de plus l'antagonisme absolu qui existe entre elle et le seigneur féodal. Les nouveaux citoyens qu'elle attire sont arrachés aux domaines, aux possessions féodales qui vont s'affaiblissant en forces contribuables et militaires à mesure que la ville se fortifie. Cette dernière intervient comme amateur dans cette vente aux enchères où le paysan-serf est adjugé au plus offrant, à celui qui offre le plus d'avantages et de droits. La ville offre *liberté entière*, parfois même maison et terrain. L'axiome « l'air des villes rend libre » est défendu victorieusement et le pouvoir central, ravi de fortifier les villes en affaiblissant les nobles rebelles, appose volontiers son sceau sous le droit nouvellement institué.

C'est le troisième grand progrès accompli au cours de l'histoire du monde : la dignité du travail libre est découverte ou plutôt elle est retrouvée : elle était tombée en oubli depuis ces temps reculés où le chasseur indépendant et le laboureur non-conquis jouissaient librement du fruit de leur labeur. Le paysan porte toujours la flétrissure du servage et son droit est bien faible encore : mais dans la ville fortifiée et bien défendue le citoyen porte haut la tête, un homme libre dans toute l'acception du mot.

Sans doute il y a encore des inégalités politiques dans l'enceinte des murs de la ville. Les anciens habitants, les descendants des chevaliers, les familles d'origine libre, les riches propriétaires refusent au nouveau venu, à l'affranchi, au pauvre artisan ou regrattier, toute participation aux affaires municipales. Mais comme nous l'avons déjà vu dans la description de l'Etat Maritime, ces rangs ne peuvent se maintenir longtemps dans l'atmosphère citadine. La majorité intelligente, sceptique, fortement organisée et unifiée conquiert finalement l'égalité des droits. La lutte dure en général plus longtemps dans l'Etat Féodal Développé, les partis n'étant plus seuls à vider leurs querelles : les grands propriétaires fonciers du voisinage et les princes interviennent comme obstacles dans le jeu des forces. Ce *tertius gaudens* était absent dans les Etats Maritimes de l'antiquité où aucune domination féodale n'existait en dehors de la ville.

Telles sont les armes politiques de la cité dans sa lutte contre l'Etat Féodal : alliance avec la couronne, offensive directe, et attraction des serfs des campagnes dans la libre atmosphère citadine. Et son arme économique n'est pas moins puissante ; l'*économie monétaire*, conséquence inséparable de l'organisation urbaine, détruit de fond en comble l'Etat ne connaissant que l'économie naturelle, l'Etat Féodal.

c) Influences de l'économie monétaire

Le processus sociologique que l'économie monétaire met en mouvement est si connu et si généralement admis dans sa dynamique que nous nous bornerons ici à de brèves indications.

L'affermissement jusqu'à la toute puissance du pouvoir central et l'affaiblissement jusqu'à l'impuissance des autorités locales sont ici, comme dans les Etats Maritimes, les suites de l'économie monétaire envahissante.

La domination est non pas le but mais le moyen employé par les maîtres pour atteindre leur but véritable, la possession sans travail préalable de biens de jouissance en aussi grande quantité et de qualité aussi précieuse que possible. Dans l'Etat naturel le seul moyen d'arriver à la possession de ces biens est la domination : le pouvoir politique du margrave et du seigneur constitue sa richesse. Sa force offensive augmente en

proportion directe du nombre de paysans sous
ses ordres et son territoire de domination s'accroît dans la même proportion que ses revenus.
Au contraire dès qu'un marché florissant offre, en
échange des produits du sol, des marchandises
précieuses et séduisantes il est beaucoup plus ra-
tionnel pour le sujet économique d'ordre privé,
c'est-à-dire pour chaque seigneur non parvenu à
la souveraineté (et les gentilshommes appartiennent maintenant à cette classe), il est plus ration-
nel, dis-je, de restreindre dans la mesure du possible le nombre de paysans, n'en gardant qu'autant
qu'il est indispensable pour extraire du sol, par
un travail acharné, la plus grande quantité possible de produits, ne leur en abandonnant qu'une
part réduite au strict minimum. Le « produit
net », prodigieusement accru, de la propriété
foncière n'est plus désormais employé à l'entretien d'une escorte militaire mais, toujours ration-
nellement, il est porté au marché pour y être
vendu en échange de marchandises. L'escorte est
supprimée, *le seigneur est devenu gentilhomme
campagnard*. Le pouvoir central, roi, prince ou
souverain est subitement débarrassé de ses rivaux :
politiquement il est devenu tout-puissant. Les
vassaux rebelles, qui faisaient trembler le roi-fai-
néant, se sont transformés après un court intermède
de parlementarisme en souples courtisans proster-
nés devant le Roi-Soleil. Ils dépendent de lui, car

seule la force militaire qu'il possède dans son armée mercenaire, peut réprimer les tentatives de soulèvement des manants poussés à bout. Tandis qu'avec l'économie naturelle la couronne était presque toujours liguée avec les paysans et les villes contre la noblesse, nous voyons maintenant l'absolutisme, issu de l'Etat Féodal, en ligue avec la noblesse contre les représentants du moyen économique.

Depuis Adam Smith il est d'usage de représenter cette transformation de telle sorte que le stupide hobereau semble avoir vendu son droit d'aînesse pour un plat de lentilles, abandonnant la domination souveraine pour d'inutiles hochets. Rien n'est plus faux que ce point de vue. L'individu s'abuse souvent dans la protection de ses intérêts : *une classe ne se trompe jamais de façon permanente.*

La vérité est que l'économie monétaire suffit, directement et sans l'intervention de la transformation agraire, à augmenter la force politique du pouvoir central à un tel point que toute résistance de la part de la noblesse serait insensée. Comme il ressort de l'histoire de l'antiquité, l'armée d'un pouvoir central financiellement fort est toujours de beaucoup supérieure au ban féodal. Avec de l'argent on peut équiper parfaitement de jeunes paysans et en faire des soldats de profession dont la masse compacte ne se laisse pas entamer par la troupe peu homogène de l'armée seigneuriale. De plus le prince à ce moment peut encore compter sur les bataillons aguerris des milices citadines. L'arme à feu, elle aussi un produit de l'économie industrielle de la ville florissante, a fait le reste dans l'Europe Occidentale. Pour toutes ces raisons militaires et techniques le seigneur féodal, même s'il dédaigne les jouissances du luxe et veut conserver ou étendre son indépendance relative, est forcé de faire subir à son domaine la même transformation agraire. Pour être fort en effet il lui faut d'abord de l'*argent* (devenu véritablement le nerf de la guerre) afin de pouvoir acheter des armes et embaucher des soldats. La révolution opérée par l'économie monétaire crée la seconde entreprise capitaliste: à côté de la grande exploitation agricole apparaît la grande entreprise militaire. Les condottieri paraissent sur la scène. Il y a désormais sur le marché du matériel mercenaire en quantité suffisante : ce sont les escortes féodales congédiées et les paysans expropriés.

De cette façon, il arrive bien parfois qu'un seigneur aventurier s'élève au rang de souverain, ainsi qu'il arriva en Italie, et même en Allemagne avec Wallenstein. Mais ce sont là des destinées individuelles qui ne changent en rien le bilan des faits. Les puissances locales comme centres autonomes du pouvoir disparaissent du terrain politique et ne conservent une dernière bribe de leur ancienne influence qu'aussi longtemps que le prince a besoin d'elles financièrement : c'est l'organisation parlementaire des États.

La prodigieuse augmentation de pouvoir de la couronne est encore accrue par une seconde création de l'économie monétaire : le fonctionnarisme. Nous avons dépeint en détail le cercle fatal que doit parcourir l'État féodal, cahoté entre l'agglomération et la désagrégation, aussi longtemps qu'il est contraint de payer ses fonctionnaires en « terres et serfs », les transformant ainsi en facteurs indépendants. L'économie monétaire a rompu ce cercle. Désormais le pouvoir central confie les charges à des employés salariés qui sont entièrement sous sa dépendance (135). Dès lors un gouvernement fortement centralisé peut se maintenir, et des empires se forment comme l'on n'en avait plus vu depuis la chute des États maritimes parvenus à l'économie monétaire.

Ce changement radical de la constellation des forces politiques s'est rattaché partout, autant que j'en puis juger, au développement de l'économie monétaire, avec peut-être une exception : l'Égypte. Ici l'économie monétaire semble s'être développée seulement à l'époque hellène. D'après les égyptologues compétents (il ne peut bien entendu être question ici d'affirmation positive) le paysan jusqu'à cette époque livrait des redevances en nature (136). Pourtant nous trouvons l'absolutisme en pleine vigueur dans le Nouvel-Empire après l'expulsion des Hyksos : « Le pouvoir militaire est fortifié par des mercenaires étrangers, l'administration est conduite au moyen de fonctionnaires sous les ordres du roi, l'aristocratie des charges a disparu (137). »

L'exception ici confirme la règle. Géographiquement l'Egypte est une contrée unique. Etroitement resserrée entre le désert et les montagnes elle est parcourue dans toute sa longueur par une voie naturelle présentant pour le transport en masse des marchandises plus de facilités que la chaussée la mieux entretenue : le Nil. Cette voie permettait au Pharaon de centraliser dans ses magasins, dans ses « maisons » (138) les tributs de toute la contrée et de solder de là en nature fonctionnaires et soldats. C'est pourquoi l'Egypte, une fois unifiée en grande puissance, demeura centralisée jusqu'à ce que des puissances étrangères eussent mis fin à son existence politique. « La toute-puissance du souverain provient de ce que, avec une économie naturelle, il dispose directement et exclusivement de tous les biens de jouissance. Sur la totalité des revenus il prélève pour solder les fonctionnaires, autant et tels de ces biens qu'il lui semble bon : la distribution des marchandises de luxe est aussi presque exclusivement entre ses mains (139). »

A cette exception près, exception possible seulement dans une contrée où le problème de la circulation est résolu par une unique voie fluviale, l'économie monétaire a toujours eu comme conséquence la dissolution de l'État Féodal.

Les paysans et les villes paient les frais de ce bouleversement. En signant la paix la couronne et les nobles se livrèrent le paysan réciproquement, le partageant pour ainsi dire en deux moitiés fictives : la couronne cède à la noblesse la plus grande part des terrains communaux et du travail des paysans non expropriés ; la noblesse abandonne à la couronne la levée des recrues et les impôts des villages et des villes. Le paysan qui s'était enrichi durant cette période de liberté retombe à la misère et au déclassement social.

Les villes doivent ployer sous la force des puissances féodales primitives maintenant alliées, à moins qu'elles ne soient déjà transformées elles-mêmes en centres féodaux comme il arriva pour les cités de l'Italie septentrionale — et même dans ce cas elles tombent le plus souvent au pouvoir de condottieri.

La force offensive de l'adversaire s'accroît à mesure que la force défensive de la ville diminue — car l'aisance citadine naît et meurt avec la puissance d'achat du paysan. Les petites villes tombent dans le marasme, s'appauvrissent et sont livrées sans défense à l'absolutisme princier ; les grandes villes, lorsque la demande d'objets de luxe des seigneurs y encourage une puissante industrie, sont en proie aux divisions intestines et perdent par là leur force politique. L'immigration en masse qui prend place maintenant est exclusivement prolétarienne : soldats congédiés, paysans expropriés, artisans ruinés de la petite ville. Pour la première fois « l'ouvrier libre » de la terminologie marxiste apparaît en masse sur le marché du travail de la ville. Et dès lors la loi d'agglomération des fortunes et des classes entre de nouveau en vigueur et déchire la population municipale en de violentes luttes de classe dont le résultat le plus clair est d'assurer presque toujours la domination du souverain. Seuls quelques États Maritimes, États Urbains au vrai sens du mot, purent se soustraire d'une façon durable à l'étreinte implacable de la souveraineté.

Une fois de plus, comme il arriva dans les États Maritimes, l'axe de la vie de l'État se trouve déplacé. Il se meut maintenant non plus autour de la richesse foncière mais autour de la richesse capitaliste, car la propriété foncière est, elle aussi. devenue capital. *Pour quelles raisons l'évolution n'aboutit-elle pas, dès lors, comme dans les États Maritimes, à l'économie esclavagiste capitaliste ?*

Il y a à cela deux raisons décisives, l'une intérieure, l'autre extérieure. La raison extérieure est qu'une traite lucrative est à peine possible lorsque, comme c'est le cas en Europe, presque toutes les contrées dans un rayon donné sont également organisées en puissants États. Là où les conditions sont favorables, comme par exemple dans les colonies américaines des Européens occidentaux, l'esclavage apparaît immédiatement.

La raison intérieure est que le paysan, au contraire de ce qui se passe dans l'État Maritime, ne paie pas le tribut à un seul maître, mais à deux au moins * : le propriétaire et le souverain. Tous deux se surveillent jalousement afin de conserver au paysan le reste de capacité prestative nécessaire à leurs intérêts. Ce furent surtout les princes les plus forts, comme par exemple ceux de Prusse-Brandebourg qui protégèrent le plus le paysan. Aussi ce dernier, bien que déplorablement exploité, demeure néanmoins sujet légal et libre de sa personne dans toutes les contrées où le système féodal était entièrement développé lorsque intervint l'économie monétaire.

La justesse de cette explication ressort clairement de l'examen des conditions régnant dans les États que l'économie monétaire surprit avant l'évolution complète du système féodal. Ce sont surtout les anciens territoires slaves de l'Allemagne

---

*En Allemagne, pendant le moyen âge, le paysan payait l'impôt non seulement au seigneur et au suzerain, mais aussi au sénéschal (Obermærker) et au bailli.

et en particulier la Pologne. Là, la féodalité n'avait pas encore savamment échafaudé son système lorsque la demande de céréales des grands centres industriels de l'Ouest transforma subitement le chevalier, sujet de droit public, en propriétaire foncier, sujet privé. Le paysan n'était donc soumis qu'à un seul maître, son seigneur, et de là sont nées ces « républiques aristocratiques » déjà étudiées dans ces pages, qui se rapprochent de l'économie esclavagiste capitaliste autant que le permet la pression des États voisins plus avancés politiquement (140).

Ce qui suit maintenant est si universellement connu que nous pouvons nous borner à de brèves indications. L'économie monétaire devenue capitalisme crée une classe nouvelle à côté de la propriété foncière. Le capitaliste réclame l'égalité de droits et l'obtient finalement grâce à l'aide de la plèbe qu'il soulève et mène à l'attaque de l'ancien régime — au nom du « droit naturel » bien entendu. A peine les représentants de la richesse mobilière, la classe de la bourgeoisie, a-t-elle remporté la victoire qu'elle renverse les armes, conclut la paix avec son ancien adversaire et combat désormais la plèbe au nom de la « légitimité » ou tout au moins d'un mélange suspect d'arguments légitimistes et simili-libéraux.

Tel a été le développement graduel de l'Etat : de l'Etat de brigands primitifs à l'Etat Féodal Développé, à l'Absolutisme et enfin à l'Etat constitutionnel moderne.

d) L'Etat constitutionnel moderne

Examinons maintenant un peu plus en détail la statique et la dynamique de l'Etat moderne.

Il est encore en principe ce que furent l'Etat de brigands primitif et l'Etat Féodal Développé. Seul un nouvel élément y est entré qui est destiné à représenter dans la lutte des intérêts de classe l'intérêt commun de l'entité d'Etat: cet élément, c'est le fonctionnarisme. Nous examinerons plus loin jusqu'à quel point cet élément se montre à la hauteur de sa tâche. Tout d'abord, nous étudierons l'Etat dans les traits caractéristiques qu'il a apportés de ses degrés primitifs.

Sa *forme* est toujours la *domination*, son *essence* l'exploitation du moyen économique, celle-ci limitée toujours par le droit civil qui d'une part protège la « distribution » traditionnelle de la production nationale et d'autre part tend à maintenir les contribuables dans leur pleine capacité prestative. La politique intérieure de l'Etat se meut toujours dans l'orbite que lui prescrit le parallélogramme des forces, force centrifuge de la lutte de classe et force centripète du commun intérêt politique ; sa politique extérieure est tou-

jours déterminée par l'intérêt de sa classe dominatrice, laquelle comprend maintenant outre le
« landed », le « moneyed interest ».

Il existe toujours en principe deux classes distinctes : une classe dominatrice à laquelle échoit
une part de la production totale du labeur populaire (du moyen économique) supérieure à sa propre contribution productive ; et une classe dominée
à laquelle revient une part de cette production,
inférieure à sa propre contribution. Chacune de ces
classes se subdivise à son tour selon le degré
du développement économique en classes et couches secondaires plus ou moins nombreuses se
rangeant d'après les privilèges et les désavanta-
ges des lois de distribution qui les régissent.

Dans les États d'organisation supérieure, il s'est
glissé entre les deux classes principales une classe
de transition qui peut être également subdivisée.
Les membres ont des obligations envers la classe
supérieure et des droits sur la classe inférieure.
Nous trouvons par exemple dans l'Allemagne moderne au moins trois subdivisions dans la classe
dominatrice : les grands magnats qui sont en
même temps possesseurs de mines et entreprises
industrielles ; les grands industriels et princes de
la finance qui sont souvent aussi gros propriétaires fonciers et fusionnent très vite avec les
premiers (princes Fugger, comtes Donners-
marck) ; et enfin les petits gentilshommes. La

classe dominée est divisée en petits fermiers, ouvriers des champs ou de fabrique, petits artisans et employés. Les classes de transition sont les classes moyennes : gros cultivateurs, petits industriels et artisans aisés, et aussi tels riches bourgeois dont la fortune n'est pas assez considérable pour surmonter certaines difficultés traditionnelles s'opposant à leur pleine admission dans la classe supérieure (juifs). Les devoirs comme les droits de ces classes moyennes sont rendus et perçus gratuitement : seule la destinée individuelle fait à la longue pencher la balance ; d'elle dépend l'issue de la classe ou de l'individu : admission sans réserve dans la classe supérieure ou entière submersion dans la classe inférieure. Parmi les classes de transition en Allemagne, les grands cultivateurs et les petits industriels sont en ascendant pendant que la majorité des artisans décline. Nous touchons déjà à la dynamique des classes.

L'intérêt de chaque classe met en mouvement une quantité absolue de forces coordonnées, lesquelles tendent avec une vitesse déterminée vers un but déterminé. Ce but est le même pour toutes les classes : le produit total du travail consacré par tous les citoyens à la production de biens. Chaque classe aspire à une part aussi grande que possible du produit national, et comme toutes ont les mêmes désirs, la lutte de classe est l'essence

même de toute histoire de l'Etat. Nous laissons de
coté intentionnellement les actions collectives
engendrées par l'intérêt commun, ces actions ayant
été poussées au premier plan avec une partialité
exagérée par l'examen historique en vigueur jusqu'à nos jours. Cette lutte de classe se présente
historiquement comme une lutte de parti. Un parti
est à l'origine et ne peut être de façon durable
que la représentation organisée d'une classe. Lorsque par la différentiation sociale la classe se frac-
tionne en plusieurs subdivisions ayant des intérêts
particuliers différents, le parti se divise rapidement à son tour en autant de nouvelles fractions
qui seront ou alliées ou ennemies selon le degré
de divergence des intérêts de classe. Lorsque au
contraire la différentiation sociale supprime une
inégalité, les deux anciens partis se fondent bientôt en un nouveau.

Nous pouvons citer comme exemple pour le premier cas la scission dans le libéralisme allemand
des partis bourgeois et antisémites, scission résul-
tant du fait que le premier représente une couche
descendante et le second une couche ascendante.
Le second cas est caractérisé par la fusion politique qui rassemble les petits hobereaux de l'Est et
les grands cultivateurs de l'Ouest en une confédération : la ligue des agriculteurs (Bund der Land-
wirte). Les premiers s'abaissent pendant que les
seconds s'élèvent sur l'échelle sociale, et ils se ren-

contrent forcément à mi-chemin. Toute politique
de parti n'a qu'un seul but : procurer à la classe
représentée la plus grande part possible de la production nationale. Les classes privilégiées veulent
maintenir leur part à l'ancien niveau au moins et
la porter si possible à un maximum ne laissant
aux exploités que la capacité prestative (comme
dans l'Etat-Apiculteur primitif) se réservant la
totalité de la plus-value de production du
moyen économique, plus-value qui augmente prodigieusement avec l'accroissement de la population et la division du travail ; le groupe des classes dominées veut réduire son tribut à zéro si
possible et consommer lui-même la totalité de la
production nationale ; et les classes intermédiaires veulent diminuer autant que possible le tribut payable aux classes supérieures et augmenter autant que possible le revenu gratuit prélevé
sur les classes inférieures.

Tel est le but, telle est la substance de la lutte
de parti. La classe dirigeante combat avec toutes
les armes que lui donne l'autorité acquise. Elle
décrète les lois servant ses desseins (législation
de classe) et les applique de telle sorte que le
tranchant du couperet soit toujours dirigé vers le
bas, le dos toujours vers le haut (justice de classe).
Elle dirige l'administration de l'Etat dans l'inté-
rêt |de ses égaux, leur réservant d'emblée toutes
les positions prépondérantes procurant influence

et profit (armée, administration supérieure, justice) et faisant manœuvrer ensuite à son gré la politique de l'Etat par ces fonctionnaires, ses créatures (politique de classe : guerres commerciales, politique coloniale, politique ouvrière, politique électorale, etc.). Tant que l'aristocratie est au pouvoir, elle exploite l'Etat comme un domaine seigneurial : dès que la bourgeoisie tient le gouvernail, elle l'exploite comme une fabrique. Et la religion de classe couvre le tout de son « tabou ».

Le droit civil contient encore en Allemagne nombre de privilèges politiques et économiques favorisant la classe dirigeante : système électoral ploutocratique, restriction du droit de coalition, règlement pour les domestiques, faveurs de taxation, etc. C'est pourquoi la lutte constitutionnelle qui domine depuis des siècles et des siècles la vie politique n'a pas encore pris fin. Elle se livre généralement de façon pacifique dans les parlements, parfois aussi par la violence, au moyen de manifestations, de grèves générales et de révoltes.

Mais la plèbe a compris que la citadelle de son adversaire n'est pas, ou du moins n'est plus, dans ces vestiges des positions de suprématie féodales. Ce ne sont pas des causes politiques mais des causes économiques qui ont empêché jusqu'à ce jour la transformation radicale du mode de distribution en vigueur dans notre Etat constitutionnel moderne. Aujourd'hui comme jadis, la masse du peuple est plongée dans une noire misère ou subsiste dans une indigence mesquine, livrée à un labeur pénible, écrasant, hébétant ; aujourd'hui comme jadis, une faible minorité, une classe dirigeante composée d'anciens privilégiés et de parvenus accapare, pour le dépenser sans compter, le tribut populaire prodigieusement accru. C'est contre ces causes économiques de la distribution défectueuse qu'est dirigée désormais la lutte de classe entre le prolétariat et les exploiteurs, devenue lutte directe pour l'augmentation des salaires, et dont les armes sont les grèves, le mouvement syndicaliste et l'association. L'organisation économique marche d'abord de pair avec l'organisation politique qu'elle dirige bientôt entièrement. Le syndicat finit par gouverner le parti. C'est le point de développement qu'ont atteint aujourd'hui l'Angleterre et les Etats-Unis.

Avec sa différentiation beaucoup plus compliquée, son intégration plus puissante, l'Etat constitutionnel moderne ne se distinguerait pas foncièrement de ses prédécesseurs, pas plus par la forme que par le fond, si un nouvel élément, le fonctionnarisme, n'était entré en scène.

Le fonctionnaire, étant aux gages de l'Etat, est tenu en principe de rester à l'écart dans la lutte des intérêts économiques ; c'est pourquoi dans toute forte bureaucratie la participation aux entreprises lucratives n'est pas considérée comme correcte. Si ce principe était entièrement réalisable et si le meilleur fonctionnaire n'apportait avec lui les opinions politiques de sa classe d'origine, nous aurions véritablement dans le fonctionnarisme cette dernière instance conciliante et dirigeante, planant au-dessus de la lutte des intérêts, et capable de guider l'Etat vers ses nouvelles destinées. Là serait sans conteste le point d'appui réclamé par Archimède, le point d'appui grâce auquel le monde de l'Etat pourrait être soulevé.

Malheureusement le principe n'est pas entièrement réalisable et les fonctionnaires ne sont pas encore de pures abstractions sans sentiment de classe. D'abord, la participation à une forme d'entreprise, l'agriculture, est considérée comme la plus, haute qualification du fonctionnaire dans tous les Etats où prédomine l'aristocratie foncière ; puis, de puissants intérêts économiques agissent sur la plupart d'entre eux, et précisément sur les plus influents, les entraînant dans la lutte, inconsciemment et comme malgré eux. L'aide matérielle reçue des parents ou beaux-parents, les propriétés héréditaires, les attaches de famille avec les possesseurs du « moneyed » ou du « landed interest » fortifient le sentiment inné de solidarité avec la classe dirigeante dont ces fonctionnaires sortent presque tous.

S'il était possible de supprimer les relations

économiques de ce genre, cette solidarité serait aisément remplacée par le pur intérêt de l'Etat.

Aussi est-ce en général dans les Etats pauvres que nous trouvons les fonctionnaires les plus capables, les plus désintéressés et les plus impartiaux. C'est avant tout à sa pauvreté que la Prusse a dû autrefois cet incomparable corps de fonctionnaires qui la guida si sûrement à travers tous les écueils. Ses membres étaient d'ordinaire entièrement étrangers à toute pensée de gain, direct ou indirect.

Ce fonctionnarisme idéal est moins fréquent dans les Etats riches. L'évolution ploutocratique entraîne fatalement l'individu dans le tourbillon, lui enlève un peu de son objectivité, de son impartialité. Néanmoins l'institution remplit toujours d'une façon passable la tâche qui lui est échue : défendre l'intérêt collectif contre l'intérêt de classe. Et involontairement, ou du moins inconsciemment, elle le défend de telle sorte que le moyen économique qui la créa est encouragé dans sa marche lente mais sûre contre le moyen politique. Sans doute les fonctionnaires exercent la politique de classe que leur prescrit la constellation des pouvoirs dans l'Etat, sans doute ils ne sont au fond que les représentants de la classe dirigeante dont ils sortent ; mais ils adoucissent l'âpreté du combat, ils répriment les excès, ils obtiennent les modifications du droit, mûries par le progrès social, avant que la lutte ouverte ne s'engage. Dans les pays gouvernés par une forte lignée de princes dont le chef, comme le Grand Frédéric, se considère comme le premier fonctionnaire de l'Etat, ce que nous avons observé à propos du fonctionnarisme en général s'applique plus essentiellement encore au souverain. Son intérêt, en effet, comme usufruitier héréditaire de la nue-propriété de l'Etat, lui commande avant tout d'en affermir les forces centripètes en affaiblissant les forces centrifuges.

Nous avons souvent eu l'occasion, au cours de cette étude, d'apprécier la solidarité entre le prince et le peuple en tant que force historique bienfaisante. Dans l'Etat constitutionnel parfait, où le monarque n'est plus qu'à un degré infinitésimal sujet économique d'ordre privé et demeure presque entièrement fonctionnaire, cette communauté d'intérêts a un poids beaucoup plus grand encore que dans l'Etat féodal ou que dans l'Absolutisme où la souveraineté est encore partiellement propriété privée.

La forme extérieure du gouvernement n'est pas d'une importance prépondérante dans l'Etat constitutionnel. Dans une république comme dans une monarchie la lutte de classe est menée par les mêmes moyens et conduit au même but. Néanmoins *ceteris paribus*, dans la monarchie, la courbe de l'évolution de l'Etat sera vraisemblablement plus allongée et moins riche en inflexions secondaires ; le prince, moins affecté par les courants quotidiens que ne l'est le président, élu pour une brève période, redoute moins une diminution passagère de popularité et peut par suite étendre sa politique sur de plus longues périodes.

Il nous reste à mentionner une variété du fonctionnarisme dont l'influence sur l'évolution supérieure de l'Etat ne doit pas être négligée : le fonctionnarisme scientifique des universités. Il n'est pas seulement une création du moyen économique comme le fonctionnarisme en général, il représente en même temps une force historique que nous n'avons connue jusqu'ici qu'en sa qualité d'alliée de l'Etat conquérant : *le besoin causal.*

Nous avons vu ce besoin à l'époque primitive créer la *superstition* ; nous avons trouvé son bâtard, le *tabou*, employé partout comme arme puissante entre les mains des maîtres. De ce même besoin la *science* est née, la science qui désormais attaque victorieusement la superstition et prépare la voie de l'Evolution. C'est là l'inestimable service rendu par la science et en particulier par les universités.

CONCLUSION

La Tendance de l'Evolution de l'Etat

Nous avons essayé de suivre dans ses grandes lignes l'évolution de l'Etat, depuis les temps les plus reculés jusqu'à nos jours, imitant l'explorateur qui descend le cours d'un fleuve depuis ses sources jusqu'à sa sortie dans la plaine. Là, le fleuve imposant déroule devant lui ses flots majestueux et disparaît dans les brumes de l'horizon, vers l'inconnu inexploré et inexplorable.

Ainsi le fleuve de l'histoire — et toute histoire jusqu'à notre époque est histoire de l'Etat — se déroule devant nous, et son cours se perd dans les brumes de l'avenir. Oserons-nous avancer des conjectures sur son cours ultérieur, jusqu'au point où « il s'abîme en une effervescence de joie dans le sein du grand tout » (Gœthe). Est-il possible d'établir sur des bases scientifiques une prognose de l'évolution future de l'Etat ?

Je le crois. La tendance (141) du développement de l'Etat le porte de façon évidente à s'annihiler dans son essence. Il cessera d'être le moyen politique organisé pour devenir fédération libre. En d'autres termes, la forme extérieure restera en principe la forme établie par l'Etat constitutionnel, le gouvernement au moyen d'un corps de fonctionnaires ; mais le fond, la substance de la vie historique, l'exploitation économique d'une classe par une autre doit fatalement disparaître.

Et comme il n'y aura plus désormais ni classes ni intérêts de classe, le fonctionnarisme de l'Etat futur aura véritablement atteint cet idéal du protecteur impartial de l'intérêt collectif, dont le nôtre tente péniblement de s'approcher. L' « Etat » de l'avenir sera la « Société » gouvernée par une administration autonome.

Des bibliothèques entières ont été écrites afin de définir et délimiter ces deux notions : Etat et Société. Le problème est aisément résolu dès que l'on se place à notre point de vue. *L'Etat est l'ensemble de toutes les relations nouées par le moyen politique ; la Société est l'ensemble de toutes les relations nouées par le moyen économique.* Jusqu'ici l'Etat et la Société étaient inextricablement confondus : dans la fédération libre il n'y aura pas d'Etat, mais seulement la Société.

Cette prognose de l'évolution synthétise toutes les formules célèbres par lesquelles les grands historiens philosophes ont tenté d'exprimer le « résultat de valeur » de l'histoire mondiale. Elle renferme le « progrès de l'action belliqueuse au travail pacifique » de Saint-Simon aussi bien que « l'évolution vers la liberté » de Hegel ; le « développement de l'humanité » de Herder de même que « la pénétration de la nature par la raison » de Schleiermacher.

Notre époque a perdu l'optimisme confiant des classiques et des humanistes : le pessimisme sociologique gouverne les esprits : aussi la prognose que nous exposons ici ne peut-elle compter faire de partisans. Non seulement elle doit paraître invraisemblable aux jouissants du pouvoir, en raison de leur esprit de classe, mais les membres de la classe inférieure, eux aussi, lui opposent un extrême scepticisme. La théorie prolétariste prévoit il est vrai, en principe, le même résultat final, seulement elle ne le tient pas pour possible par la voie de l'évolution mais uniquement par une révolution. Elle se le représente comme une forme de société (c'est-à-dire d'organisation économique) entièrement différente de celles que nous connaissons : une économie sans marchés, le collectivisme. La théorie anarchiste tient la forme et le fond du gouvernement pour inséparables, la face et le revers d'une même médaille : pas de « gouvernement » sans exploitation ! Aussi veut-elle détruire forme et fond et inaugurer le régime d'anarchie, et quand tous les avantages économiques de la division du travail complexe devraient y être sacrifiés. Le grand penseur même, qui, le premier, érigea les bases de la théorie politique exposée ici, Ludwig Gumplowicz est pessimiste pour les mêmes motifs que le sont les anarchistes qu'il combattit si violemment : lui aussi tient la forme et le fond de l'État, le gouvernement et l'exploitation, pour indissolublement unis. Mais comme avec raison il estime impossible l'existence en commun d'un grand nombre d'hommes sans gouvernement coercitif, il proclame l'État de classe une catégorie non seulement historique mais « immanente ».

Seule la petite troupe des libéraux-socialistes ou socialistes-libéraux croit à l'évolution d'une société sans domination et sans exploitation d'une classe par une autre, d'une société garantissant dans les limites du moyen économique toutes les libertés politiques et privées de l'individu. Tel était le crédo de l'ancien libéralisme socialiste antérieur au Cobdenisme, le libéralisme proclamé par Quesnay et en particulier par Adam Smith, le libéralisme tel qu'il fut renouvelé plus récemment par Henry George et Théodore Hertzka.

Cette prognose peut être soutenue du point de vue historico-philosophique et du point de vue économique comme tendance de l'évolution de l'État et comme tendance de l'évolution économique, tendances qui toutes deux se dirigent évidemment vers un même but.

La tendance de l'*évolution de l'Etat* s'est révé-
lée à nous comme la lutte constante et victorieuse
du moyen économique contre le moyen politique. Nous avons vu le droit du moyen économique, le droit d'égalité et de paix, héritage des
conditions sociales préhistoriques, borné à l'origine au cercle étroit de la horde familiale (142).
Autour de cet îlot de paix l'océan du moyen politique et de son droit faisait rage. Nous avons
vu s'étendre de plus en plus ce cercle dont le
droit de paix a chassé l'adversaire, nous avons
vu son progrès lié partout au progrès du moyen
économique, de l'échange équivalent entre les
groupes. D'abord peut-être par l'échange du feu,
puis par l'échange de femmes et enfin par l'é-
change de marchandises, le territoire du droit
de paix s'étend de plus en plus. C'est ce droit
qui protège les marchés, puis les routes y conduisant, enfin les marchands qui circulent sur
ces routes. Nous avons vu plus tard l'Etat absorber
ces organisations pacifiques qu'il développe et
nous avons vu comment elles refoulent de plus
en plus dans son territoire même le droit de la
violence. Le droit du marchand devient le droit
urbain. La ville industrielle, le moyen économique organisé, sape par son économie industrielle
et monétaire les forces de l'Etat Féodal, du moyen
politique organisé : et la population urbaine
anéantit finalement en guerre ouverte les débris

politiques de l'Etat Féodal, reconquérant pour la population entière avec la liberté le droit d'égalité. Le droit urbain devient droit public et enfin droit international.

Nous ne voyons désormais aucune force assez puissante pour entraver cette tendance dont l'activité ne s'est jamais démentie jusqu'ici. Loin de là, les anciens obstacles s'affaiblissent à vue d'œil. Les relations d'échange entre les nations acquièrent au point de vue international une importance qui devient de jour en jour plus puissante que les relations belliqueuses. Et grâce au même processus de développement économique le capital mobilier, la création du droit de paix, l'emporte de plus en plus dans les rapports intranationaux sur la propriété foncière, création du droit de la force. La superstition s'affaiblit en même temps. Et tout porte à conclure que la tendance s'affirmera jusqu'à la complète élimination du moyen politique et de ses créations, jusqu'à l'entière victoire du moyen économique.

Mais, objectera-t-on, cette victoire est déjà remportée. Tous les restes importants de l'ancien droit belliqueux sont bannis de l'État constitutionnel moderne !

Non ! Tous ne sont pas bannis ! Un de ces restes demeure, dissimulé sous un masque économique, non pas privilège légal, mais possession économique en apparence, *la grande propriété foncière, la première création et l'ultime citadelle du moyen politique.* Son déguisement l'a préservée jusque-là du sort des autres créations féodales : mais ce dernier vestige du droit belliqueux est indubitablement le dernier, le seul obstacle sur la voie de l'humanité et cet obstacle, l'*évolution économique* est sur le point de l'anéantir.

La place me manque pour m'étendre ici en détail sur cette assertion dont j'ai prouvé la justesse dans d'autres ouvrages auxquels je dois renvoyer le lecteur (143). Je ne puis ici qu'en énumérer les principaux axiomes :

La répartition du produit total du moyen économique entre les différentes classes des États constitutionnels, la « distribution capitaliste », ne diffère pas en principe du mode de répartition féodal.

Toutes les principales écoles d'économie politique s'accordent à reconnaître que cet état de choses provient du fait que l'offre d'ouvriers libres est constamment supérieure à la demande. (Selon Karl Marx l'ouvrier libre est l'ouvrier libre politiquement et ne possédant d'autre capital que son travail.) Deux ouvriers courent constamment après un entrepreneur s'offrant à des salaires toujours plus bas. C'est pourquoi la classe capitaliste reste en possession de la « plus-value » pendant que l'ouvrier ne parvient jamais à amas-

ser assez de capital pour devenir à son tour en‑
trepreneur.

D'où provient cet excédent d'ouvriers libres ?

L'explication de la théorie bourgeoise, d'après laquelle cet excédent serait causé par la procréation d'un trop grand nombre d'enfants de prolétaires repose logiquement sur une fausse conclusion et est démentie par tous les faits connus (144).

L'explication de la théorie prolétarienne d'après laquelle le mode de production capitaliste par la « mise en disponibilité » des ouvriers reproduit constamment les travailleurs en nombre suffisant repose logiquement sur une fausse conclusion et est démentie par tous les faits connus (145).

Au contraire tous les faits démontrent et la déduction le prouve sans conteste que *l'offre en masse des ouvriers libres est provoquée uniquement par la grande propriété foncière :* l'immigration dans les villes et l'émigration à l'étranger sont les causes du mode de distribution capitaliste.

L'évolution économique tend sans aucun doute à la suppression de la grande propriété foncière. Cette institution a été blessée à mort par l'affranchissement légal des serfs, imposé par l'évolution urbaine. La liberté de domicile a eu pour conséquence l'exode rural ; l'émigration a créé la concurrence d'outre-mer et la baisse des prix des produits, en même temps que la migration provoquait une hausse constante des salaires. La rente foncière, attaquée des deux côtés, s'amoindrit et doit forcément tomber à zéro, comme là aussi on ne peut distinguer aucune force antagoniste capable d'arrêter le processus (146).

Avec elle disparaîtra l'excédent de travailleurs libres. Deux entrepreneurs courront constamment après un ouvrier lui offrant un salaire de plus en plus élevé ; la plus-value ne sera plus la propriété exclusive de la classe capitaliste, l'ouvrier pourra aussi amasser un capital et devenir à son tour entrepreneur. Le moyen politique sera anéanti dans sa dernière création encore existante, et le moyen économique gouvernera sans entraves.

Le fonds, la substance de cette société sera l'économie pure (147), l'échange équivalent de marchandises contre marchandises, ou de travail contre marchandises, et sa forme politique sera la Fédération libre.

Cette déduction théorique est confirmée par *l'expérience de l'histoire*. Dans toutes les sociétés où n'existe aucune grande propriété foncière prélevant une rente progressive, « l'économie pure » gouverne et la forme de l'État se rapproche de « la Fédération libre.

L'Allemagne présenta pendant quatre cents ans tous les caractères d'une société de ce genre (148), depuis l'an 1000 environ, époque où la grande propriété foncière se transforme en seigneuries territoriales inoffensives socialement, jusque vers l'an 1400, époque où cette même grande propriété rappelée à la vie en pays slave par le moyen politique, la guerre d'envahissement, interdit au colon de l'Ouest l'accès des terres de colonisation (149). Nous avons aussi une société de ce genre dans l'État Mormon de l'Utah où une sage législation agraire n'autorisa que de petites propriétés rurales ne dépassant pas une superficie déterminée (150). Il en a été de même du comté et de la ville de Vineland (151), Iowa (États-Unis) tant que chaque colon put obtenir de nouveaux terrains non grevés de rente progressive. Enfin nous avons un exemple d'une telle société dans la Nouvelle-Zélande où le gouvernement encourage de toutes ses forces la petite et la moyenne propriété rurale pendant qu'il réprime et démenbre par tous les moyens la grande propriété foncière, rendue d'ailleurs d'un rapport rien moins qu'avantageux par suite du manque d'ouvriers libres (152).

Partout dans ces sociétés nous trouvons une prospérité surprenante, répartie, non avec une égalité mécanique, mais de façon étonnamment régulière. Prospérité, non pas richesse ! *car la prospérité est la domination sur les biens de jouissance, la richesse est la domination sur des hommes.* Nulle part le moyen de production n'est

« capital », il n'engendre pas de plus-value et cela pour une bonne raison : c'est qu'il n'y a plus ni ouvriers libres, ni système capitaliste. La forme politique de ces organisations se rapproche de la fédération libre autant que le permet la pression d'un entourage organisé conformément au droit belliqueux. L' « Etat » dépérit ou encore, dans les terres neuves comme Utah et la Nouvelle Zélande, il ne se développe que faiblement ; et la volonté souveraine d'êtres libres qui connaissent à peine la lutte de classe s'affirme et se manifeste toujours plus fortement. Dans l'empire allemand du moyen âge par exemple l'émancipation des corporations — qui embrassaient à cette époque toute la plèbe des villes — et la décadence des lignées patriciennes marchèrent de pair avec l'élévation des ligues municipales et le déclin de l'état féodal. Seule la fondation de nouveaux Etats primitifs à la frontière de l'Est put interrompre cette évolution bienfaisante en détruisant sa prospérité économique.

Quiconque croit à une fin consciente et prédestinée de l'évolution historique peut dire : l'humanité a dû traverser une nouvelle école de souffrance avant de pouvoir être rachetée. Le moyen âge qui avait réhabilité le travail libre ne l'avait pas porté à sa pleine productivité. Le nouvel esclavage du capitalisme a dû d'abord découvrir et modeler le système incomparablement plus efficace du travail complexe dans l'atelier avant de pouvoir sacrer l'homme « roi des forces de la nature, maître de l'univers ». L'esclavage antique comme l'esclavage capitaliste furent nécessaires : ils sont superflus aujourd'hui. Si, comme on le prétend, chaque libre citoyen d'Athènes avait derrière lui cinq esclaves humains, nous avons placé près de chaque membre de notre société vingt nouveaux esclaves, esclaves d'acier qui produisent, mais ne souffrent pas. Nous sommes enfin mûrs pour une culture aussi supérieure à celle de l'époque de Périclès que la population, la puissance et la richesse de nos empires sont supérieures à celles du minuscule Etat de l'Attique.

Athènes a péri, elle devait périr, entraînée à l'abîme par l'économie esclavagiste, par le moyen politique. Tout chemin partant de là ne peut aboutir qu'à la mort des peuples. Notre chemin conduit à la vie !

L'examen historio-philosophique étudiant la tendance de l'évolution politique et l'examen économique étudiant la tendance de l'évolution économique aboutissent au même résultat : le moyen économique triomphe sur toute la ligne, le moyen politique disparaît de la vie sociale en même temps que sa plus ancienne, sa plus tenace création. Avec la grande propriété foncière, avec la rente foncière, périt le capitalisme.

C'est là la voie douloureuse et la rédemption

de l'humanité, sa Passion et sa Résurrection à la vie éternelle : de la guerre à la paix, de la dissémination hostile des hordes à l'unification pacifique du genre humain, de la bestialité à l'humanité, de l'État de brigands à la Fédération libre.

NOTES

1. L'histoire no fait mention d'aucun peuple chez lequel les premiers indices de la division du travail et de l'agriculture n'aient pas coïncidé avec une exploitation économique de ce genre ; aucun peuple chez lequel le fardeau du travail n'ait pas été le lot des uns pendant que les autres en récoltaient le fruit; chez lequel, en d'autres termes, la division du travail se soit développée autrement que comme sujétion des uns sous la domination des autres (Rodbertus-Jagetzow, *Beleuchtung der sozialen Frage*, 2ᵉ édit., Berlin, 1890, p. 124. — *Le Socialisme d'État en Allemagne*, d'Andler, Paris, 1897, contient une bibliographie complète des œuvres de Rodbertus).

2. Achelis. *Die Ekstase in ihrer kulturellen Bedeutung*, t. I, des *Kulturprobleme der Gegenwart*, Berlin, 1902.

3. Grosse. *Formen der Familie*. Freiburg et Leipzig, 1896, p. 39.

4. Ratzel. *Vœlkerkunde*, 2ᵉ éd. Leipzig et Vienne, 1894-1895, II, p. 372.

5. Cunow. *Die soziale Verfassung des Inkareiches*. Stuttgart, 1896, p. 51.

6. *Siedlung und Agrarwesen der Westgermanen*. etc. Berlin, 1895, I, p. 273.

7. 1, ch. I, p. 138.

8. Ratzel, 1, ch. I, p. 702.

9. *Id*. 1, ch. II, p. 555.

10. *Id*. 1, ch. II, p. 555.

11. Par exemple, d'après Ratzel (1, ch. II, p. 214), « chez les Ovambos où ils semblent se trouver dans une condition de

semi-esclavage » : et aussi, d'après Laveleye, dans l'Irlande primitive (Fuidhirs).

12. Ratzel, 1, ch. I, p. 643.

13. *Id.* 1, ch. II. p. 99.

14 Lippert. *Kulturgeschichte der Menschheit.* Stuttgart, 1836, II, p. 302.

15. Lippert, 1, ch II. p. 522.

16. *Rœmische Geschichte*, 6ᵉ éd. Berlin, 1874, I, p. 17.

17. Ratzel, 1, ch. II, p. 518.

18. *Id.* 1. ch. II, p. 425.

19. *Id.* 1, ch. II, p. 545.

20. · *Id.* 1, ch. II, p. 390-391.

21. *Id.* 1, ch. II, p. 390-391.

22. Lippert, 1, I, p. 471.

23. Kulischer. *Zur Entwicklungs-Geschichte des Kapitalzins. Jahrb. für National-Oekonomie und Statistik*, t. III, l. 18, Jena, 1899, par 318 (« pillards et, par suite de la pauvreté de leur patrie, avides de la terre d'autrui », dit Strabon).

24. Ratzel, 1, ch. I, p. 123.

25. *Id.* 1, ch. I, p. 591.

26. *Id.* 1, ch. II, p. 370.

27. *Id.* 1, ch. II, p. 390-391.

28. *Id.* 1, ch. II, p. 388-389.

29. *Id.* 1, ch. II, p. 103-104.

30. Thurnwald. *Staat und Wirtschaft im alten Aegypten. Zeitschrift für Soziale Wissenschaft*, t. IV (1901), p. 700 701.

31. Ratzel, 1, ch. II, p. 404-405.

32. *Id.* 1, ch. II, p. 165.

33. *Id.* 1, ch. II, p. 485.

34. *Id.* 1, ch. II, p. 483.

35. *Id.* 1, ch. II, p. 165.

36. Buhl. *Soziale Verhæltnisse der Israeliten*, p. 13.

37. Ratzel, 1, ch. II, p. 455.

38. *Id.* 1, ch. I, p. 628.

39. *Id.* 1, ch. I, p. 625.

40. Cieza de Leon. *Seg. parte de la crón'ca del Perú*, p. 75 cité selon Cunow. *Inkareich* (p. 62, n. 1).

41. Cunow, 1, p. 61.

42. Ratzel, 1, ch. II, p. 346.

43.   *Id.*   1, ch. II, p. 36-37.

44.   *Id.*   1, ch II, p. 221.

45. « Les femmes occupent chez les Vahoumas une position plus élevée que chez les nègres et sont jalousement surveillées par leurs maris. Ceci contribue à rendre plus difficile le mélange des races. La masse des Vaganda ne serait pas aujourd'hui une authentique tribu nègre (au teint chocolat-foncé et aux cheveux crépus, si les deux peuples, laboureur et pasteur, dominateur et dominé, honoré et méprisé, n'étaient pas restés hostilement séparés en dépit des relations nouées entre les classes supérieures. Dans cette position d'exception ils constituent un phénomène typique et toujours aisément reconnaissable. » (Ratzel 1, ch. II, p. 177.)

46. Ratzel, 1, ch. II, p. 178.

47.   *Id.*   1, ch. II, p. 198.

48.   *Id.*   1, ch., p. 476.

49.   *Id.*   1, ch., p. 453.

50. Kopp. *Griechische Staatsaltertümer*, 2ᵉ éd., Berlin, 1893, p. 23.

51. Uhland. Anciens chants populaires allemands, I, cité d'après Sombart : Der moderne Kapitalismus, Leipzig, 1902, I, p. 384-385.

52. Inama-Sternegg. *Deutsche Wirtschafts-Geschichte*, I, Leipzig, 1879, p. 59.

53. Westermarck. *History of human marriage*. London, 1891, p. 368.

54. Cf. Ratzel, 1, ch. I, p. 81.

55.   *Id.*   1, ch. I, p. 156.

56.   *Id.*   1, ch. I, p. 259-260.

57.   *Id.*   1, ch. II, p. 434.

58. I. Kulischer, 1, ch., p. 317 ; d'autres exemples suivent.

59. Westermarck. *History of human marriage*, p. 400. Ici aussi sont cités plusieurs exemples ethnographiques.

60. Westermark. 1, ch. p. 546.

61. Cf. Ratzel. 1, ch. I, 318, 540.

62.   *Id.*   1, ch. I, 106.

63.   *Id.*   1, ch. I, 335.

64. Cf. Ratzel. 1. ch. I, 346.

65.   *Id*.   1, ch. I, 347.

66. Bücher. *Entstehung der Volkswirtschaft*, 2ᵉ éd. Tübingue, 1898; p. 301.

67. Cf. Ratzel, 1, ch. I, p. 271, des Océaniens : « Les relations entre les tribus sont conduites par des parlementaires dont la personne est partout respectée, de préférence de vieilles femmes. Ces dernières servent aussi d'intermédiaires dans l'échange de marchandises. » Voir aussi p. 317, pour les Australiens.

68. Traduction allemande de L. Katscher, Leipzig, 1307.

69. Ratzel, 1, ch. I, p. 81.

70.   *Id*.   1, ch. I, p. 478-479.

71. A. Vierkandt. *Die wirtschaftlichen Verhæltnisse der Naturvœlker Zeitschrift für Sozialwissenschaft*, II, p. 177-178).

72. Kulischer, 1, ch., p. 320-321.

73. Lippert, 1, ch. I, p. 266 ss.

74. Cf. Westermarck. *History of human marriage*.

75. Ratzel, 1, ch. II, p. 27.

76. Herodote, IV, 23, cité d'après Lippert, 1, ch. I, p. 459.

77. Lippert, 1, ch. II, p. 170.

78. Mommsen, 1, ch. I, p. 139.

79. Il en est de même dans l'Insulinde. Là les Malais sont les Vikings. « La colonisation joue comme conquête d'outre-mer et comme occupation .. un rôle rappelant les expéditions des temps héroïques de la Grèce... Chaque territoire du littoral contient des éléments étrangers venus là sans y être invités et souvent hostiles aux indigènes. Le droit de conquête avait été concédé par le souverain de Ternate à des familles nobles qui devinrent ensuite gouverneurs quasi-souverains à Bourou, Ceram, etc. » (Ratzel, 1, ch. I, p. 400).

80. Mommsen, 1, ch. I, p. 132.

81.   *Id*.   1, ch. I, p. 134.

82. Ratzel, 1, ch I, p. 160.

83.   *Id*. 1, ch. II, p. 558.

84. Buhl, 1. ch , p. 48.

85.   *Id*. 1, ch., p. 78-79.

86. Mommsen, 1, ch. II, p. 406.

87. Ratzel, 1, ch II, p. 191. Cf. aussi, p. 207-208.

88.   *Id.* 1, ch. I, p. 363.

89. Mommsen, 1, ch., p. 46.

90. Cités d'après Kulischer, 1, ch , p. 319.

91. Ratzel, 1, ch. I, p. 263.

92. Fr. Oppenheimer. *Grossgrundeigentum und soziale Frage.* L. II, ch. 1, Berlin, 1898.

93. « Ce qui caractérise l'organisation nomade c'est la facilité avec laquelle elle développe, du fonds patriarcal, des puissances despotiques d'une portée considérable. » (Ratzel, 1, ch. II, p. 388-389.

94. Ratzel, 1, ch , 1. p. 408.

95. Cunow, 1, ch p. 66-67 : il en est de même chez les Océaniens, par exemple à Radak. (Ratzel, 1, ch. I, p. 267.)

96. Buhl 1, ch , p. 17.

97. Ratzel, 1, ch. II, p. 66.

98.   *Id.* 1, ch. II, p. 118.

99.   *Id.* 1, ch. II, p. 167.

100.   *Id.* 1, ch. II, p. 218.

101.   *Id.* 1, ch. I, p. 125.

102.   *Id.* 1, ch. I, p. 124.

103.   *Id.* 1, ch. I, p. 118.

104.   *Id.* 1, ch. I, p. 125.

105.   *Id.* 1, ch. I, p. 346.

106.   *Id.* 1. ch. I. p. 2.5.

107.   *Id.* 1, ch. I, p. 267-268.

108. Mommsen. *Weltgeschichte,* t. III, p. 234-235.

109 Ratzel, 1, ch. II. p. 167.

110.   *Id.* 1, ch. II, p. 229.

111.   *Id.* 1, ch. I, p 128.

112. Weber, *Weltgeschichte,* t. III, p. 163.

113. Thurnwald, 1er ch. p. 702-703.

114.   *Id.* 1er ch p. 712, cf. Schneider. *Kultur u d Denken der alten Aegypter* ; Leipzig, 1907, p. 38.

115. Ratzel, 1, ch. II, p. 599.

116.   *Id.* 1, ch. II, p. 362.

117.   *Id.* 1, ch. II. p. 344.

118. Meitzen, 1, ch. II, p. 633.

119. Inama-Sternegg, I, ch. I, p. 140-141.

120. Mommsen, 1, ch. V, p. 84.

121 Cf. l'exposition détaillée dans *Grossgrundeigentum und soziale Frage* de Fz. Oppenheimer.

122. Mommsen, 1 ch. III, p. 234-235.

123 Thurnwald, 1, p. 771.

124. Meitzen, 1, ch. I, p. 362 ss.

125. Inama-Sternegg, 1 ch. I, p. 373, 386.

126. Cf. Fz. Oppenheimer. *Grossgrundeigentum*, etc., p. 272.

127. Thurnwald, 1 ch., p. 706.

128. Ratzel, 1, ch. II, p. 503.

129. *Id*. 1, ch. II, p. 518.

130. Meitzen, 1, ch. I, p. 579 : Lors de la proclamation de la « lex salica » l'ancienne noblesse héréditaire était déjà tombée au rang des hommes francs ou avait disparu. Mais il y avait déjà triple « Wehrgeld » pour les fonctionnaires (600 solidi, et quand il était « puer regis » 300).

131. Thurnwald, 1, ch., p. 712.

132. Inama-Sternegg, 1, ch. II, p. 61.

133. Thurnwald, 1, ch., p. 705.

134. « Les camps les plus importants de l'armée du Rhin avaient, en partie pour les marchands qui suivaient les troupes, en partie pour les vétérans qui restaient après leur libération dans leurs quartiers habituels, une sorte d'annexe civile, une ville de baraques (canabae, distincte des quartiers militaires ; partout, surtout dans la Germanie, il se forma de véritables villes grâce à ces agglomérations autour des camps et en particulier des quartiers généraux. » (Mommsen, 1, ch. V, p. 153).

135. Eisenhart. *Geschichte der National-Oekonomie*, p. 9 : « Grâce à ce nouveau moyen de paiement plus maniable il devint possible d'avoir un corps plus dépendant de militaires et de fonctionnaires. La méthode de paiement régulier ne leur permettait plus de se rendre indépendants du maitre commun ou de se tourner contre lui. »

136. Thurnwald, 1, ch., p. 773.

137. *Id*. 1, ch., p. 699.

138. *Id*. 1, ch., p. 709.

139. Thurnwald. 1, ch., p. 711.

140. Cf. Fz. Oppenheimer. *Grossgrundeigentum, etc.*, L. II, ch. 3.

141. « Une tendance est une loi dont la réalisation absolue est retenue, ralentie, affaiblie par des circonstances antagonistes. » (Marx. *Kapital*, III, p. 215.)

142. Cf. le bel ouvrage de Kropotkine : *L'Entr'aide* (1906).

143. Fz. Oppenheimer. *Die Siedlungsgenossenschaft, etc.*, Berlin, 1896 ; du même auteur. *Grossgrundeigentum und soziale Frage*, Berlin, 1894.

144. Cf. Fz. Oppenheimer *Bevœlkerungsgesetz des T. R. Malthus*, exposition et critique ; Berlin, 1901.

145. Cf Fz Oppenheimer. *Grundgesetz der Marxschen Gesellschaftslehre*, exposition et critique ; Berlin, 1903.

146. Cf. Fz. Oppenheimer, *Grundgesetz der Marxschen Gesellschaftslehre*, IVe partie, surtout chapitre 12, « Die Tendenz der kapitalistischen Entwicklung », p. 128 ss.

147. Cf. Fz Oppenheimer. *Grossgrundeigentum, etc.*, Berlin, 1898, L. I, ch. 2, sect. 3 ; Physiologie des sozialen Körpers, p. 57 ss.

148. Cf. *Ibid.* L. II, ch. 2, sect. 3, p. 322 ss.

149. Cf. *Ibid.* L. II, ch. 3, sect 4, surtout p. 423 ss.

150. Cf. l'article de Fz Oppenheimer. *Die Utopie als Tatsache*, dans la *Zeitschrift für Sozial-Wissenschaft*, II (1899), p. 190 ss.

151. Cf. Fz. Oppenheimer. *Siedlungsgenossenschaft*, etc., p. 477 ss.

152. Cf. M. André Siegfried. *La démocratie en Nouvelle-Zélande*, Paris 1904.

TABLE DES MATIÈRES.

MAYENNE, IMPRIMERIE CHARLES COLIN

9 782014 042603